여백으로 살아가기

세움북스는 기독교 가치관으로 교회와 성도를 건강하게 세우는 바른 책을 만들어 갑니다.

크리스천 여성작가 시리즈 05

여백으로 살아가기
오늘도 이름 없이 빛나는 당신에게

초판 1쇄 인쇄 2025년 5월 15일
초판 1쇄 발행 2025년 5월 20일

지은이 | 김선영
펴낸이 | 강인구

펴낸곳 | 세움북스
등 록 | 제2014-000144호
주 소 | 서울시 종로구 대학로 19 한국기독교회관 1010호
전 화 | 02-3144-3500
이메일 | cdgn@daum.net

교 정 | 김민철
디자인 | 참디자인

ISBN 979-11-93996-46-1 (03230)

크리스천
여성작가
시리즈 05

여백으로 살아가기

김선영

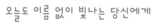
오늘도 이름 없이 빛나는 당신에게

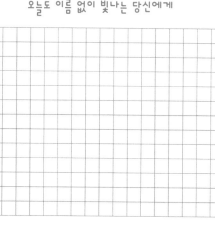

세움북스

프롤로그

글은 제 삶에 이름표를 달아 주는 일입니다.

저의 시간은 이렇다 할 시작과 끝이 없습니다. 한 해를 1월 1일부터 12월 31일까지로 규정하지만, 1월 1일의 해와 12월 31일의 해가 다르지 않듯이, 전업주부의 날도 어제와 오늘이 별다르지 않습니다. 시작과 끝을 감지하지 못한 채 그저 시간이라는 바다 위를 잠잠히 흐를 뿐입니다.

현대인들은 시간 또한 경제적 잣대로 가늠합니다. 시간당 받는 노동력의 대가로 가치를 가늠하고 많은 대가를 받는 이들에게 성공한 인생이라는 이름표를 붙여 줍니다. 이런 풍조 속에서 전업주부로 살아가는 일은 세상의 허수처럼 느껴지기도 합니다. 허공을 향해 주먹을 쥐어 본들 빈손인 것처럼 전업주부의 삶은 이처럼 존재감이 없습니다. 그러나 저는 이런 삶 하나하나에 글이라는 이름표를 붙여 삶의 무게를 달아 주고 싶었습니다.

'여백', 저에게 붙여 주는 이름표입니다. 전업주부에게 붙이는 존재감입니다. 맛깔난 조연이 주연을 빛나게 하듯, 여백 없이 빛나는 존재는 없습니다. 존재의 배경이 되어 주는 공간이 여백입니다. 글을 쓰면서 제가 그런 존재임을 확인할 수 있었고, 간혹 허무한 날이 나를 찾아올 때면 글들이 저를 위로했습니다. 여백의 시간은 가장 존재다운 시간이라고 말입니다. 시간은 흘러가기만 하는 것이 아니라 쌓여 가는 것이라고, 제 글들이 그렇게 말해 주는 것 같았습니다. 타인이 붙여 준 그럴싸한 이름표는 아니지만, 글들이 저에게 붙여 준 고유함입니다. 저만이 붙일 수 있는 이름표지요.

이 글들은 여백으로 살아가는 전업주부의 시간에 관한 얘기입니다. 전업주부에게 붙여진 무명한 시간들, 음식을 만들며 누렸던 시간들, 나답게 만들어 준 시간들과 일상을 떠나 잠시 누린 생소한 시간들에 관한 이야기입니다. 평범하고, 사소하고, 때론 보잘것없는 시간, 곧 여백의 시간 속에서도 삶은 고유하고 귀하다는 마음을 전하고 싶었습니다. 이 마음의 뿌리에는 저와 함께하신 하나님을 향한 신뢰가 깃들어 있습니다. 이 글이 시간을 꽉 채워 살지 않고 빈틈없는 목적을 따라 살지 않더라도 나의 존재는 고유하고 존귀하단 진실에 일조할 수 있기를 바랍니다.

이 글의 일부는 '로고스서원'에서 함께 나눈 것들입니다. 제가 글을 낭독하면, 주의 깊게 들어 주시고 격려해 주신 김기현 목사님과 글벗님들께 감사의 마음을 전하고 싶습니다. 그리고 '산아래교회' 교우님들께도 같은 마음을 전합니다. 특별한 독자, 이은화 자매님께 감사를 전합니다. 그녀는 〈수고를 감춘 모습, 고사리나물〉이라는 저의 글을 읽고 바로 나물을 만들어 먹었노라고 저의 글을 읽은 소감을 전해 주었습니다. 그녀의 반응으로 저의 글이 누군가를 움직일 수 있다는 가능을 맛보았습니다. 보람을 느끼는 순간이었습니다. 이제 제 글을 더 많은 독자에게 내놓습니다. 이 글이 각자의 삶의 이야기를 가진 독자에게 다가가서 어떤 케미를 만들어 낼까 떨리면서도 궁금합니다.

마지막으로 표현이 서툴러 다정한 언어와 섬세한 몸짓에는 둔했지만, 나의 흠결을 묵묵하게 받아들이고 참아 줌으로써 자신의 사랑을 말해 준 남편에게 감사합니다. 그는 분명 저의 울타리였습니다. 그리고 부족함이 많은 엄마의 사랑을 충분했다고 여겨 주는 듬직한 두 아들, 진우와 진성에게 사랑의 마음을 전합니다. 너희가 있어서 엄마의 삶이 더욱 풍성했노라고, 너희는 엄마의 또 다른 생명이라고 전하고 싶습니다.

기꺼이 시간을 내서 저의 글을 읽어 주시고, 격려하시며 추천의 글까지 마다하지 않은 모든 분들과 출판을 맡아 주신 '세움북스' 강인구 대표님께 감사합니다. 저를 위해 내준 시간들이 헛되지 않게 앞으로도 '쓰는 이'로 살아가도록 노력하겠습니다.

추천사

　이 책은 단순한 에세이가 아니다. 삶의 여백을 발견하고, 그 여백 속에서 자신의 존재를 마주하는 한 사람의 깊은 성찰이 담긴 기록이다. 저자가 로고스서원 글쓰기 학교에서 글을 나누던 시간은 내게도 쉼이자 여백이었다. 그녀의 문장에는 소박하지만 단단한 힘이 있었고, 일상의 작은 순간들이 얼마나 소중한 의미를 가질 수 있는지를 깨닫게 해 주었다.

　이 책의 미덕은 참 많다. 평범한 일상 속에서도 깊은 의미를 발견하는 통찰력이 돋보이고, 따뜻하고 서정적인 문장은 마음을 어루만진다. 신앙과 삶을 자연스럽게 엮어 가는 지혜도 인상적이다. 무엇보다 여성과 전업주부의 삶을 새롭게 조명하는 따뜻한 시선이 있고, 음식이라는 소재를 통해 공동체와 삶을 이어 가는 감동이 스며 있다.

　현대인은 너무 많은 것을 채우려다 정작 중요한 것을 놓치곤 한다. 이 책은 우리에게 비움의 미학과 쉼의 가치를 가르쳐 준다. 여백이 없는 삶은 피곤하다. 그러나 여백을 발견하는 순간, 우리는 더 깊고 충만한 삶을 살 수 있다. 이 책이 당신에게도 그런 선물이 되길 바란다.

김기현 _한국침례신학대학교 교수, 로고스서원 대표,
『고난은 사랑을 남기고』의 저자

✦

필자 김선영의 책은 특별하다. 무릇 책이라 함은, 무엇인가 눈에 띄는 업적을 이루고 그 의미를 해석한 기록으로 이해하기 쉽다. 그런 책들이 주변에 즐비하다. 그러나 김선영의 책은 그런 '특별한 업적'을 다루고 있지 않다. 오히려 전업주부로서 자신이 경험한 평범한 일상을 해석한 기록이다. 그러면서도 특별하다. 그러니까 이 책에 특별함이 있다면 그것은 '업적'에 있지 않고 '시선'에 있다.

전업주부의 삶은 그 가치를 해석하기가 쉽지 않다고들 한다. 그 고단하고 희생적인 삶의 덕을 본 가족들이야 감사하기 쉽지만, 수많은 세월 동안 빛 없이 누군가의 거름이 되어 온 당사자는 타인의 감사에만 기대어 살 수는 없다. 하여, 시선이 깊어야 한다. 삶에 대해 자신만의 단단한 해석이 필요하다. 그 삶을 김선영만큼 풍요롭게 해석한 경우를 나는 본 적이 없다. 가족들을 위해 모든 시간을 쏟았던 희생의 삶이라는 의미로서가 아니라, 내 삶도 누구의 삶 못지않게 그 자체로 윤택하고 풍요롭고 가치롭다는 적극적 해석에서 말이다.

수많은 여성들이 전업주부로서 고단하게 살고 있다. 그 삶의 의미를

찾지 못해 힘겨워할 때, 누군가 나서서 "그대의 삶도 귀하오, 흔들리지 마시오"라고 말할 수 있다. 그때 그 위로와 격려의 힘은 전적으로 그를 위로하는 자가 누군인가에 따라 정해진다. 즉, 그 누군가가 자신과 같은 '전업주부'라야만, 그 위로가 힘겨운 삶을 일으켜 세울 것이다. 그래서 그의 책은 귀하다. 그런데 생각해 보니, 그런 책이기에 전업주부가 아닌 사람들에게도 가치가 있겠구나 싶다. 잃어버리기 쉬운, 소위 '평범한 것들'을 보는 특별한 시선을 준다는 점에서.

송인수 _교육의봄 공동 대표

✦

평범한 주부의 평범한 일상 이야기. 그녀의 글을 읽는 순간 그녀의 이야기에 편안하게 빠져든다. 일상에 담긴 특별한 의미가 자연스레 스민다. 이따금 반짝이는 보석도 얻는다. 그리고 나의 일상이 말을 걸어오기 시작한다. 내 삶이 색을 입고 이름이 생긴다. 일상의 영성이다.

그녀의 글은 맛나다. 글을 읽으며 '글이 이렇게 감칠맛 나고 맛있을 수 있구나' 하는 새로운 경험을 하게 될 것이고, 이내 맛만 있는 것이 아니라 내 존재를 맑고 건강하고 윤택하게 해 주는 무언가가 있음을 알게 될 것이다. 그녀의 글은 손수 기른 재료를 시간과 햇볕, 손끝 맛으로 버무려 정성스레 차려 낸 엄마 밥상 같다. 첫술을 뜨자마자 자신의 근원, 곧 나를 잉태한 최초의 흙 내음을 느끼게 해 주는 마법을 맛본다. 타지에서 한국 음식을 먹으면 고국 생각이 나고 할머니 음식을 먹으면 어릴 적 추억에 잠기듯 그녀의 글은 우리 존재의 근원을 찾아 '아, 이 맛이었지!' 하며 늘 그리던 쉼을 누리게 해 줄 것이다.

홈스쿨로 다섯 아이를 키우고 있는 나에게 그녀가 말하는 전업주부의 일상은 나의 이야기이기도 하다. 일상은 우리 아이들을 키운 학교였고 아이들의 유일한 선생님인 나의 역할은 다름 아닌 전업주부였다. 일상은 인간을 키우는 자궁이요, 가정을 섬기는 전업주부는 창조주의 성실과 보살핌, 사랑과 돌봄을 가장 닮은 존재라고 생각한다. 그녀의 글이 그래서 귀하다.

그녀가 보물을 캐낸 일상은 우리의 일상이기도 하다. 그녀의 글이 모든 이에게 선물이 되는 이유일 것이다.

엄경희 _다섯 아이 홈스쿨러

✦

글을 쓴다는 것은 자신을 만나는 시간이다. 작가는 자신을 만나는 모습을 시간에 대한 이야기로 풀어낸다. 그 모습이 여행 에세이 같기도 하고 일기 같기도 하나, 읽다 보면 느껴진다. 모든 순간은 저마다의 의미를 지닌 채 우리 안에 스며들었고, 어떤 계절은 눈부시게 빛났고 어떤 계절은 차가운 바람 속에 움츠러들기도 했어도, 지나고 나니 저마다의 기억을 지닌 채 시간 속에 저장된다는 것을. 작가는 간결한 필체로 자신의 생각을 담아낸다. 따뜻한 문장에 담아낸 이야기를 읽다 보면 제목의 의미가 마음에 다가온다. '여백으로 살아가기'. 작가가 조용하지만 따뜻한 목소리로 그려 내는 네 가지 시간 - 무명의 시간들, 맛을 위한 시간, 나를 둘러싼 시간, 생명에 잇댄 시간 - 의 그림을 읽다 보면 일상에서 포착하는 행복의 순간이 눈앞에 그려진다. 이 책은 편안하고 따뜻하고 힘이 된다. 그건 아마도 작가가 여백은 비우되 더 좋은 것, 더 아름다운 것, 더 귀한 것으로 채우기 때문일 것이다. 작가는 우리가 삶을 어떻게 비우고 또 어떻게 채워야 하는지를 수채화를 그리듯 풀어낸다. 꽃길이 따로 있는 게 아니고, 채워 가는 게 실은 비워 가는 것이고, 인생은 최선을 다해도 때론 흔들릴 수 있다는 것을 풀어내며 살아온 날들을 거울삼아 살아갈 날들의 방향을 보여 준다. 인생은 돌아보면 짧지만 살아갈 땐 한없이 길다. 누구나 저마다 이 나이쯤 되면 단단해질 거라고 짐작한 시기가 있다. 막상 그 시기가 되면 부족한 자신을 보며 당황한다. 작가는 그런 시기를 보내는 이들에게 위로와 응원을 보낸다. 한 걸음 늦게 간다고 뒤처진 게 아니고 삶이 아름다운 건 채워서가 아니고 여백이 있어서라고. 작가는 삶을 지탱하는 보이지 않는 선, 여백의 힘을 설명한다. 삶도 감정도 글도 생각도 여백을 가져야 하고, 여백이 비우는 것 같아도 실제론 더 귀하고 더 아름다운 것으로 채워지는 시간이라는 것을. 인생을 살면서 삶이 따뜻하되 단단해지길 바란다면, 채워야 할지 비워야 할지 고민이라면 이 책을 읽어 보길 추천한다.

이정일 _목사, 「소설 읽는 그리스도인」 저자

　김선영은 무명한 전업주부로 살아온 자신의 시간을 '여백'이라 부른다. 그러나 어떤 존재도 여백 없이 빛날 수 없다고 힘주어 말하는 그가 가족과 이웃에게 정성 어린 밥상을 베풀며 살아온 여백의 시간을 글로 엮였다. 어린 시절 엄마의 밥상을 기억하며 다양한 이들과 마주 앉아 정성으로 준비한 밥상을 나눠 온 기록을 읽다 보니 여백이 되는 삶이란 엄청난 깊이로 우려낸 '영성'의 다른 이름이 아닌가 생각하게 된다. 내가 저자의 글을 좋아하는 이유는 어른의 글 같은 맛이 느껴져서이다. 요리할 때 머

릿속이 가장 선명하게 정리된다고 그는 말하는데, 그가 밥 짓는 시간만큼
이나 사유하고 기록했을 테니 그의 글에서도 오묘한 맛과 깊은 풍미가 느
껴지는 것은 당연한 결과이리라. 잔재주와 조미료로 맛을 낸 초짜의 음식
이 아닌 평생에 걸쳐 익힌 재료 본연의 맛과 색, 식감, 플레이팅을 고려해
정성스럽게 내밀었을 그의 요리처럼 글 곳곳에서 삶과 영성에 대한 오랜
고민과 성실함, 그리고 균형감이 돋보인다. 어느새 '일상 영성'이라는 단
어가 낯설지 않은 시대이다. 저자는 이 책에서 한 번도 그 단어를 강조하
지 않았지만 읽는 내내 나는 그 단어를 곱씹게 되었다. 일평생 무명했고,
오늘도 보잘것없는 존재로 살아가는 나에겐 어떤 평범함이 일상 영성으
로 깊이를 채워 가고 있을까 생각하게 한 고마운 책이다. 이 땅의 모든 무
명한 이들에게 이 책을 권하고 싶다.

이설아 _작가, 글쓰기 공동체 "다정한 우주" 안내자

✦˙

    그녀의 글 속에서 어린 시절 엄마가 해 주었던 추억의 음식들, 지금도
내 가슴 속에 살아 숨 쉬는 추억을 떠올렸다. 엄마가 해 주었던 음식에 대
한 추억은 어려서부터 지금까지 내 가슴에 살아 숨 쉰다. 세상살이에 지
치고 힘들 때, 그 추억의 온기는 주저앉았던 무릎을 다시 일으켜 세우고
뚜벅뚜벅 한 걸음씩 앞으로 나아가게 한다.

    저자는 매일 반복되는 전업주부의 일상, 사소하고 보잘것없어 보이는
것들에서 남들이 보지 못하는 것들을 깊고 섬세한 시선으로 발견해 낸다.

    '없으면 안 되지만, 나 아닌 다른 것들의 배경처럼 서 있는 자리'를 그

녀는 '여백'이라 한다.

존재감 없어 보이는 그 시간 속에서 차곡차곡 글을 쓰며 자신의 존재를 확인하고 존재다운 시간을 만들어 온 사람. 그녀의 글을 읽을 때, 마치 그녀가 방금 지어 준 따뜻한 밥상을 마주하는 것 같았다. 집밥의 환대와 사랑과 생명을 다시 생각하는 시간이었다. 금방 지은 밥처럼 따끈따끈한 이 책이 사막화되어 가는 현대인들의 마음에 집밥의 온기로 스며들기를 기대하는 마음이다.

이명화 _경남 양산에서

✦

김선영의 삶을 몇 년간 보아 왔다. 고전 문학과 함께 깊어진 세밀하고 진중한 글, 신앙의 본질을 추구한 결정들, 정성스런 요리로 다정하게 다가가는 환대의 삶, 이 모든 것들이 매력적이고 아름다웠기에 책을 낼 것을 권유한 적이 있었는데 (아마 여러 번 권유받으셨을 것이다) 배부른 소리 한다는 말을 들을까 하는 염려를 표하셨다. 그럴 수 있겠다. 배우자의 경제적 자원이 있기 때문에 전업주부로 살 수 있는 것이기도 하니까. 그러나 조금 더 생각해 보니 이웃의 배경으로 사는 것, 이웃의 여백이 되는 것, 그 일상을 누리는 것, 작은 것 하나에 머무시는 하나님을 경험하는 삶은 정말 단단한 사람만이 살아갈 수 있는 삶이지 싶다. 그렇지 않다면 '내가 어떻게 헌신하고 살았는데……'라는 원망과 불평이 자연스레 나올 테니 말이다.

나의 큰 즐거움과 세상의 깊은 필요가 만나는 지점이라는 프레드릭 뷰

크너의 소명의 정의를 떠올려 보면, 저자는 자신의 큰 즐거움과 세상의 깊은 필요가 만나는 지점에 이미 서 계시다는 생각을 하게 된다. 무명한 자 같으나 유명한 자요, 근심하는 자 같으나 항상 기뻐하고, 가난한 자 같으나 많은 사람을 부요하게 하고, 아무것도 없는 것 같으나 모든 것을 가진 성도의 삶이 담긴 이 책을 추천하게 되어 감사하고 기쁘다.

정은진 _진로와소명연구소장, 『우리 아이 기초 공사』의 저자

✦

"글은 제 삶에 이름표를 달아 주는 일입니다"로 시작하는 저자의 글 여기저기에 시(詩)의 맛이 배어 있다. 그래서 읽는 재미가 있다. 저자의 내러티브는 가사와 요리, 그림, 여행, 문학에 잇대어 있다. 일상에 말을 걸며 시간이라는 바다 위를 잠잠히 흐르는 주부만의 삶을 그려 낸다.

'시간은 흘러가기만 하는 것이 아니라 쌓여 가는 것'이라고 저자는 말한다. 허무한 것인 줄만 알았던 주부의 시간도 흘러가기만 하는 것이 아니고, 어딘가에 쌓여 가고 있다는 깨달음은 작지 않은 울림이다.

저자는 여백으로 살아가는 것, 그러니까 누군가의 배경으로 살아가는 일은 생각보다 충만한 삶이었음을 깨닫게 되었노라고 군더더기 없는 고백을 한다. 요리에 관한 작가의 눈매도 예사롭지 않다. 천편일률적인 기계적 단순함보다 사람 손이 간 조화로운 변이에 마음이 가기 때문에 채칼은 사용하지 않는다는 저자의 생활 철학은 그가 천생 주부요, 요리를 여백으로 즐기는 천생 셰프임을 여과 없이 드러내 준다. 요리의 창의력과 실용성을 아는 이라면 그것을 예술의 반열에 두어도 손색이 없음을 부인하지 못

할 것이다.

한 3년 주말 농사꾼이었다는 저자가 이제 여백을 심고 문학을 수확하는 작가가 되었음을 인정해 주고 싶다. 소소한 일상일지언정, 곱고 착실한 언어로 가다듬고 그것을 공감할 만한 여백의 미로 승화시켜 낼 수 있다면 그것이 바로 문학이 아니겠는가.

추천사를 위해 저자의 글을 읽으며, 감사, 가족, 행복이라는 단어가 머릿속을 맴돈다. 누구나 자신만의 꿈을 품고 각자의 형편에 따라 서로 다른 모양의 삶을 살고 있다. 거기에는 옳고 그름의 평가가 필요치 않다. 주변에서 예사롭게 마주칠 동네 아줌마의 일상과 여백이 우리에게 끼칠 선한 영향력을 기대하게 만든다.

김윤신 _조선대학교 의과대학 법의학 교수, 시인

Contents

차례

프롤로그 · 5
추천사 · 8

CHAPTER 1 · 무명의 시간들

여백으로 살아가기 · 22
전업주부의 시간 · 28
일상이 시가 되는 그곳에 · 33
성장, 환대로 살아가기 · 36
오물 만지는 삶 - 2022년 세움북스 신춘문예 수필 부문 가작 · 41
취향을 확인받는 방법 · 46
주부 권태기 탈출기 · 49
갱년기의 밤 · 54
작은 것의 쓸모 1, 친밀함의 정석 · 60
작은 것의 쓸모 2, 냄비의 재구성 · 63
작은 것의 쓸모 3, 재능의 재발견 · 65
작은 것의 쓸모 4, 물건의 인격 · 67
작은 것의 쓸모 5, 평화를 위하여 · 70
외딴 길 · 77

CHAPTER 2 · 그래, 이 맛이야! 맛을 위한 시간

집밥 · 86
그래, 바로 이 맛이야 1 은근한 단맛과의 밀애, 시금치나물 · 92
그래, 바로 이 맛이야 2 수고를 감춘 모습, 고사리나물 · 95
그래, 바로 이 맛이야 3 조선무 예찬 · 100
그래, 바로 이 맛이야 4 변주의 귀재, 김밥 · 106
그래, 바로 이 맛이야 5 우리 집 공신, 약밥 · 111
그래, 바로 이 맛이야 6 국수가 먹고 싶다 · 117
그래, 바로 이 맛이야 7 동지 팥죽의 재해석 · 121
그래, 바로 이 맛이야 8 동치미의 미덕 · 128
그래, 바로 이 맛이야 9 김치 예찬 · 132

CHAPTER 3 · 나를 둘러싼 시간들

기억들 · 140
청춘을 위하여 · 143
고사장에서 · 151
어린이날의 묵상 · 158
내일은 어버이날 · 164
길들여지기 · 171
그의 사랑 법으로 들어가다 · 176
은혜라는 것 · 182
어머니의 장례 · 189
수상한 수상 소감 · 194

CHAPTER 4 · 살아 있는 것들에 잇댄 시간

여행의 쓸모 · 200
호도협虎跳峽 트레킹, 수다쟁이 길을 걷다 · 206
차마객잔茶馬客棧의 선물 · 210
황산黃山, 황산을 돌아보면 악岳을 보지 않는다 · 213
휘주고성徽州古城과 양산토루阳产土楼,
사라지는 것들에 대해 예의를 지키고 싶다 · 217
호캉스에서 일상까지 · 222
걸어서 통리同理까지 · 226
중국을 떠나며 · 229
이별은 새롭다 · 235

CHAPTER 1

무명의 시간들

여백으로 살아가기

　　　　　미술 시간이었다. 우리는 수묵으로 난초를 그렸다. 완성된 그림들이 교실 앞쪽에 펼쳐졌다. 선생님은 그림에 자기 이름을 쓰지 말라 하셨다. 선입견으로 그림이 뽑혔다는 오해를 방지하기 위해서 말이다. 선생님은 각각의 그림들을 유심히 살펴보신 후 두 개의 그림을 고르셨다. 뽑힌 그림들 중에 내 그림이 있다. '아하! 역시 내 그림을 알아보시는구나!' 몹시 설렜다. 칭찬을 받을 것이라 확신했다. 두 개의 그림이 칠판에 걸렸다. 한 개의 그림에서는 난초의 이파리들이 화선지 위에서 자못 생기롭게 활개 치고 있었다. 다른 하나에서는 이파리들이 소심한 듯 귀퉁이 한쪽에 그려져 있었다.

　　선생님이 말씀하셨다. "이 그림은 가장 잘못된 그림이고, 저 그림은 가장 잘된 그림이다." 아뿔사! 기대로 해맑던 내 얼굴은 이내 일그러지고 말았다. 내 그림이 가장 잘못된 그림이라신다. 이파리들이 지나치게 활개를 쳤단다. 여백이 없다는 말씀이었다. 반면에 내 친구의 난초화는 여백의 미가 살아 있는 그림이라고 평하신다. 동양화에서 여백이란 그림을 완성하는 화룡점정이라 하셨다. '왜? 어째서?'라는 의아함이 수치심으로 돌변하는 순간이었다. 선생님은 너무 잔인했다. 이름을 적지 않았으니 선입견으로 뽑았다는 뒷담마저 원천

봉쇄하셨으니 말이다.

　시인 도종환의 「여백」이란 시가 내게 울림이 큰 이유도 아마 이런 경험에서 비롯된 것 같다. 그는 나무들의 아름다움을 감상하면서 그 나무들을 품고 있는 허공에 주목했다. 나무를 주인공 삼은 허공, 그 넉넉한 여백이 있기에 나뭇가지들이 살아온 길과 세세한 잔가지 하나하나의 흔들림까지 볼 수 있다고 통찰했다. 시인의 통찰이 무명한 나의 삶을 해석하는 안내자가 되었다. 시인은 여백이 없는 풍경은 아름답지 않다고, 여백은 가장 든든한 배경이라고 했다. 모든 시어가 내 삶을 가리키고 있는 것만 같아 큰 위로가 되었다.

　정신없는 시절을 보냈다. 내가 시간의 주인이 될 수 없는 시절이었다. 기본적인 생리적 욕구조차도 용이하지 않았던 시간들. 제시간에 밥 먹기, 제시간에 잠자기, 편안한 마음으로 화장실 가기 등 모든 일의 중심이 나로부터 다른 존재로 향했던 시간들, 육아의 시간들 말이다. 매일 밥 세끼를 먹어야 한다는 건 매일 밥 세끼를 지어야 한다는 말이다. 날마다 샤워를 하고 옷을 갈아입어야 한다는 건 그만큼의 빨래들을 해치워야 한다는 말이다. 날마다 쌓이는 먼지는 가장 반갑지 않은 불청객이다. 쓸고 닦을 것을 종용한다.

꾸준함은 생활의 비법이다. 뭐라도 이루고 싶다면 꾸준함이 지름길이다. 어학만 하더라도 하루 10시간 한꺼번에 공부하는 것보다 한 시간씩 매일 하는 것이 실력을 향상시킨다. 그러나 집안일은 꾸준함이 골병을 만든다. 성취를 누릴 수 있는 일도 아니다. 제대로 된 가치 평가를 받을 수 있는 것도 아니다. 지루함의 연속, 허무하기 이를 데 없는 반복의 끝판 왕이다. 내가 바로 이런 자리에서 20여 년을 버텼다.

시인 안도현은 「여백」이라는 시를 감상하며 '존재한다는 것은 나 아닌 것들의 배경이 된다는 뜻'이라고 하였다. 배경이 되는 일이야말로 가장 존재다울 수 있음을 영리한 시인들은 이미 알고 있었다. 그리하여 나는 이제 나의 자리에 이름표를 달고 싶다. 없으면 못 살지만 있다고 해서 빛나지 않는 자리, 성과가 아니라 다만 존재의 저울로 가늠할 수 있는 자리, 허공에서 배경으로 존재했던 나의 시간들에게 '여백'이라는 이름을 붙여 줌으로써 예의를 지키고 싶은 것이다. 나는 여백으로 살아남았다. 만만한 일은 아니다. 섬세하고 세세하게 들려오는 내면의 소리에 민감하지 않으면 허무의 심연으로 빠지기 십상이다. 일상이 걸어 주는 말들을 들어야 한다.

고슬고슬 마른 빨래들이 나에게 말을 건다.

"오후 봄 날씨다. 비길 데 없는 봄빛이 빨래들 위에 내려앉는다. 봄빛을 담뿍 받아 고슬고슬해진 빨래를 걷어 내고 다시 봄빛 속에 젖은 빨래를 널어놓는다. 마른 빨래가 사랑스럽다. 눅눅하고 축축한 빨래가 물기를 떨쳐 버리고 보송보송 살아난 것처럼 이 봄빛이 내게도 소생이라 여겨진다. 이 아무것도 아닌 허드렛일, 빨래를 널고 개키며 정리하는 일상에 마치 인생살이가 이런 듯, 별다른 생각이 드는 것이다. 젖었다 마르기를 반복하며 다시 정리되는 것, 소용대로 나왔다가 빛을 받고 또다시 제자리를 찾아 들어가는 것이 인생과 다를 바가 무언가? 성취와 결과가 하나님의 잣대는 아닐 것이며 이 작은 일 가운데에도 하나님의 눈길이 머물러 있다는 것, 가장 보잘것없는 것에서 하나님을 느낀다는 것이 얼마나 복된 일인가?"

중고 김치냉장고의 얘기다.

"김치냉장고 입고다. 중고다. 씻기고 닦여 우리 집에 왔다. 깨끗하지만 손때가 묻었다. 손때 묻은 냉장고가 더욱 정겹다. 새것으로 산 것보다 훨씬 마음에 든다. 물건이 맛을 가졌다. 물건의 맛이란 자고로 소유의 즐거움을 넘어서는 것, 세월에 담긴 주인의 마음을 아는 것, 건네 준 이의 손때에 마음이 묻었음을 느끼는 것은 얼마나 복된 일인가? 첫 주인이 참 좋은 분이었음을 두 번째 주인에게 전해 들었다. 혹시나 나도 이걸 누군가에게 드린다면 나 또한 이전 주인이 참 좋은 분이라고 소개할 거다. 이 냉장고에 음식을 차고 넘치게 담았다가 이런 이웃 저런 이웃을 섬겼을 그녀의 마음이 이곳에 묻어 있다."

사춘기가 지난 두 아들의 개학을 앞두고, 가방이 내게 말을 건다. "책가방을 빤다는 것은 한 시즌을 마무리하고 다른 시즌을 맞이하는 일이다. 거칠거칠한 철수세미로 두 녀석의 가방을 박박 문지르며 나는 생각했다. 드디어 나는 아이들과의 관계에서 새로운 국면으로 들어서는가? 니들만 미숙한 게 아니고 엄마도 미숙했다. 니들만 처음 살아 본 인생이 아니라 엄마도 처음 살아 본 인생이니, 우리 서로 손잡고 같이 걸어가 보자고 늘 이렇게 생각했다. 그런데도 나는 녀석들의 미숙함은 태산처럼 크고, 나의 미숙함은 개미처럼 소소한 듯, 그들의 인생살이는 생 초짜배기지만 나의 인생살이는 숙련된 조교인 듯 굴었다. 다시 다짐한다. 인생 선후배로, 같이 걸어가는 길벗으로 살아가 보자고."

그 옛날 여고생 시절, 나는 주인공만 쓸모가 있는 줄 알았다. 제법 알차게 내 인생의 드라마를 구성했다. '반짝반짝 빛나게 살아가리라.' 주류 인생을 살아가는 꿈으로 충만했다. 그러나 그날 가장 못난 그림으로 내 난초가 뽑힐 때부터 알아봤어야 했다. '여백'이 내 마음

속에 찾아온 그날부터 나는 주류 인생을 살지 못할 것임을 예감했어야 했다. 그럼에도 나는 다시 말하고 싶다. 여백으로 살아가는 것, 누군가의 배경으로 살아가는 일은 생각보다 충만한 삶이었음을. 돌이켜 보니 허덕이는 일상이 아니라 누리는 일상이었음을.

그리하여 때맞게 되새긴다.

너는 엿새 동안에 네 일을 하고 일곱째 날에는 쉬라 네 소와 나귀가 쉴 것이며 네 여종의 자식과 나그네가 숨을 돌리리라 _출 23:12

네 소와 나귀가 쉴 것이라 하셨으니 이 계명을 들은 사람은 소유가 있었던 모양이다. 종이 있었던가 보다. 나그네가 숨을 돌릴 것이라 하셨으니 나그네가 머물 공간이 있었나 보다. 소유의 주인이 된다는 것을 주인공의 삶으로 생각하기 쉬우나, 소유는 배경의 재료이다. 소유의 많고 적음과 관계없이 여백이 되기 위한 재료 말이다. 위의 문장을 나의 언어로 해석해 본다.

너는 네 이웃의 배경으로 살거라. 네 이웃의 여백이 되어라!
삶을 누리는 자에게 주는 축복이니라!

전업주부의 시간

　　　　그때 우리의 교실은 참 추웠다. 교실 한가운데에 있는 난로 하나에 의지해 겨울나기를 했으니 말이다. 점심시간이면 우리는 어느덧 난로 주변으로 옹기종기 모여들었다. 목적 없는 대화를 하릴없이 나누다 간혹은 꿈 얘기를 했다. 미래를 예언할 수 없으니 불분명한 장래에 대하여 몇 마디를 주고받으며 불안해했다.

　"내 꿈은 현모양처야."

　우리들 대부분의 불확실을 가르고 한 친구가 말한다. 나는 내 귀를 의심했다. 현모양처가 꿈이라고? 그런 것이 꿈이 될 수 있을까? 80년대 사회의 직업 세계에서 남녀 성평등이 이루어지긴 요원했다 하더라도 적어도 대학을 가는 일에서는 남녀가 불평등하지는 않았다. 어쩌면 '남녀 구별 말고 둘만 낳아 잘 기르자'는 정부의 계몽이 한몫을 한 것일 수도 있겠다.

　대학을 나와 전문 직업인이 되는 것. 당시는 이것을 꿈이라 말하는 것이 떳떳했고, 대세였다. '현모양처'란 말의 의미는 '전업주부'와 다르지 않았다. 대학을 꿈꾸면서 겨우 전업주부나 하겠다는 게, 가

당키나 한가 말이다. 나는 내심 그 친구를 비웃기까지 했다.

그런데 말이다. 내가 지금 전.업.주.부.다. 그때 비웃었던 것, 그 자리에 내가 정확히 들어가 세팅되어 있다. 학창 시절 나에게는 왜 전업주부란 말이 그다지도 쓸모없게 느껴졌던가. 교육받지 않아도 할 수 있는 자리, 전문성이 없어도 채울 수 있는 자리, 노력 없이 앉을 수 있는 자리, 특별함이라곤 호리만큼도 찾아볼 수 없는 자리라 여겼던 탓이다. 그렇다. 학교 졸업장이나 무슨 기관의 수료증이 필요한 자리가 아님은 분명하다. 그러니 객관적인 인정을 받거나 이력서에 쓸 경력이랄 게 없다. 당연히 경제적 보상을 받는 자리도 아니다. 도리어 집안의 붙박이장처럼 매양 있던 자리에 박혀서 태곳적부터 이렇게 살아가는 게 당연한 듯 매일 반복적인 허드렛일 속에 묶여 있는 자리, 이곳이 바로 전업주부의 자리다.

중국에 있을 때였다. 어느 주간에 두 차례의 손님 대접을 했다. 주부 세계의 일설 중 하나는 남의 손 들어간 밥은 무조건 맛있다는 것이다. 주부들은 남이 해 준 밥에 진정 진심이다. 목요일에는 이런 주부들을 위한 힐링 밥상, 그리고 토요일에는 남자들을 위한 밥상으로 남편의 회사 동료 몇 분을 초대했다. 한 해가 저물어 가는 시절에, 이별하게 될 인연이 많아서였다. 이별 밥상이라고나 할까.

내가 전업주부가 아니었다면 밥상 초대는 엄두도 내지 못했을 것이다. 한 끼 밥상을 차리기 위한 노동의 시간이 만만치 않기 때문이다. 특히 그곳에서는 더욱 그러하다. 총각무라든가, 조선무라든가, 미나리나 깻잎, 갓 등은 한국인이 모여 사는 곳까지 나가야 구입할 수 있다. 집에서 한 시간 반 거리다. 장을 보고, 재료를 다듬고, 음식을 완성하기까지의 노동 시간은 먹는 시간의 백배는 더 소요될 것이다.

먼저 충분한 발효 시간이 필요한 총각김치부터 담근다. 총각무 10킬로 한 무더기 다발에서 무 하나하나씩 꺼내 매만지며 껍질을 벗기고 흙을 털어 내고 무청을 다듬는다. 김치를 담글 때는 뭐니 뭐니 해도 소금 밑간을 잘하는 것이 중요하다. 간이 배는 데 가장 오랜 시간이 필요한 총각무를 먼저 다듬고 간을 하는 이유다. 포기 배추도 함께 간을 해 두었다. 다음으로 파에게 눈길을 준다. 파의 껍질을 벗기고 머리 부분의 수염을 제거하고 파란 부분의 꽁무니를 따서 공기의 저항을 줄여 준다. 그래야 양념이 잘 배는 법이니까. 어느덧 몇 시간이 훌쩍 지났다. 주재료의 손질이 끝났으니, 양념으로 쓸 채소들을 다듬어야 한다. 마늘과 생강의 껍질을 벗기고 포기 배추김치의 속 재료를 다듬는다. 미나리는 특히 벌레가 끼지 않았는지 잘 씻어야 하고, 갓을 다듬고, 무채를 썰어 둔다. 노동의 시간이 결국엔 김치 삼종세트를 완성했다. 총각김치는 잘 발효되도록 실온에 두고, 다른 김치들은 김치냉장고에 넣는다. 힐링과 이별 밥상 첫 번째 미션 완수다.

노동은 계속된다. 살아 있는 꽃게들을 잠시 냉장고에 기절시켰다가 칫솔로 바다의 때를 닦아 준다. 몸통과 다리를 닦고, 부숭부숭 아가미 사이사이까지 꼼꼼하게 닦는다. 물론 간장 게장에 부을 육수는 한쪽에서 끓어 가고 있는 중이다. 육수에 간장으로 적당한 간을 하여 식을 때까지 끈기 있게 기다렸다가 손질된 게들 위로 부어 준다. 경험상 숙성 삼 일째가 적기다. 싱싱한 게살에 간장이 짜지도 않고 밋밋하지도 않게 스며들어 혀에 감기는 맛이 일품이다. 게딱지에 밥을 얹고 장에 비벼 김과 싸 먹으면 둘이 먹다 하나 죽어도 모를 맛. 그러니 밥도둑이라 하는 것이다.

이틀에 걸친 노동이다. 그러나 먹는 것은 삽시간. 노동의 효용을 먹는 시간으로 환산한다면 이처럼 허무한 일이 또 있을까. 그러나 전업주부의 시간 계산법은 다르다. 식구들을 먹이는 노동을 지난하다고만 할 수 없다. 필연코 해야 하는 일을 반복하다 보면 집중 삼매경이 선사하는 평온함이랄까. 마치 시간이 멈춘 듯, 세상이 고요해진다. 오직 몰입. 지금, 현재, 하고 있는 그 행위에 침잠하여 순간을 누린다. 끊임없이 흘러가는 시간에서 벗어나 자유를 느낀다. 노동의 시간이 허무하지 않은 이유다. 시간에 머물러 누리는 맛, 이를 전업주부의 특권이라고 하면 지나친 비약일까?

김치 삼종 세트와 게장은 밑반찬이다. 여기에 메인 메뉴로는 말린 고사리를 넣은 조기조림과 오징어 숙회에 초고추장을 곁들여 상차림을 했다. 말린 고사리가 식재료가 되기까지는 꽤 많은 시간이 필요하다. 물에 담가 불렸다가 다시 삶아 내야 야들야들 메인 재료와 어울려 제맛을 낸다. 무나 감자를 넣는 것보다 손이 많이 가는 재료지만, 말린 고사리가 내는 고향의 맛이 있다. 들어오자마자 한국 음식이 고팠던 손님들은 탄성을 내뿜는다. 노동의 시간이 숙성되면 먹는 시간도 숙성되는 법이다. 이야기꽃을 피운다. 어릴 때 먹은 추억 음식 이야기는 이런 상차림에서 단골 메뉴다. 올해 퇴임을 앞둔 분은 지난 생을 반추한다. 아쉬움이 묻은 회한과 깨달음은 허기를 달랜 후에야 흘러나오는 법이다. 이 또한 밥상의 힘이 아니겠는가?

시간은 숫자로만 매겨지는 산술이 아님을 새삼 환기한다. 젊어서는 그랬다. 무의미하다 여기는 것들에게 나의 시간은 인색했다. 나의 시간이 타인에 의해 침범될 때 조급했다. 그러나 의미는 구분하는 것이 아니라 부여하는 것이다. 전업주부의 시간은 지루하다. 정체된 듯 제자리인 듯싶지만 오히려 머물러 만끽하는 시간이다. 무용할 것 같지만 숫자로 환산되지 않는 유용의 시간, 물질의 언어로는 측정되지 않는 존재의 시간이다. 그런 시간을 배경 삼아 이웃의 인심과 만족을, 행복한 미소와 추억을 누린다. 시간은 흐르기만 하는 게 아니라 머무르기도 한다.

시간의 발효. 전업주부의 시간은 바로 이런 것이다.

일상이 시가 되는 그곳에

내 어린 시절, 우리 집은 지서가 내려다보이는 관사였다. 나른한 봄철이 되면 마당에 있는 평상에 나와 유난히 다정하고 따뜻한 봄빛을 받으며 엄마 무릎에 누웠다. 엄마는 으레 내 머리를 이리저리 쓰다듬다가 이내 내 귓바퀴를 잡아 늘이며 귓밥을 파내 주곤 하셨다. 봄을 배경으로 엄마 무릎을 베개 삼을 때면 그 정서가 유난히 더 따뜻하고 푸근했다. 임길택 시인은 「엄마 무릎」(『할아버지 요강』, 보리, 1995, 79)이란 시에서 이 느낌을 너무나 실감나게 그려 놓았다.

글씨를 읽지만 그림을 보는 듯하다. 엄마와 아이가 있다. 엄마 무릎에 누운 채로 귓속을 내 준 아이는 세상 편안하고 평화롭다. 집 마루 앞에 펴 놓은 것은 평상이 분명하다. 엄마와 아이가 귀지 청소를 하고 있는 자리 말이다. 봄빛이 내리고 있는 중일 게다. 춘곤증이라 하니, 안 그래도 졸음 몰고 오는 봄 햇빛 아래, 갈그락갈그락거리는 리듬감은 잠을 재촉한다.

누구라도 경험했을 법한 일이기에 이 시의 심상을 그려 보는 일은 어렵지 않다. 하잘것없고 특별할 것 없는 일상이다. 그러나 시인이 시라는 프레임에 끼우니 특별해진다. 별것처럼 새록거린다. 흔한 것을 붙잡아 두고 신선하게 만드는 재주가 시인에게 있다. '소리 없이 지나갔던 나의 하루하루가 그렇게 무의미한 것은 아니었구나. 나의 일상도 시구나' 하는 위로가 이곳에 있다.

시인 임길택은 탄광 마을에서 아이들을 가르치는 교사로 살았다. 임길택 선생님이 아이들에게 아버지 자랑을 하자고 한다(「아버지 자랑」, 『탄광 마을 아이들』, 실천문학사, 2004, 36). 아이들은 아무도 선뜻 대답하지 못하고 머뭇거린다. 그중에 한 친구가 손을 들고 말한다. 아버지가 술을 잡수시고 일을 안 가려고 떼쓰시다 엄마에게 혼난 일이 자랑이란다. 엄마에게 혼나는 아버지가 자랑이라니! 온 교실의 아이들이 웃고 만다. 선생님도 웃는다. 그 친구는 엄마에게 혼나는 아버지가 왜 자랑스러웠을까? 혼을 맞고도 엄마한테 폭력을 행사하지 않아서? 아버지의 유순함이 새삼스러워서?

짐작이 된다. 탄광 마을의 사정 말이다. 시인은 바로 그곳에서 아이들과 개구진 웃음을 만들면서 살아갔다. '그래, 그것도 자랑이지. 뭐 그리 특별한 것만 자랑이겠나. 우리를 웃게 했으니 자랑이다.' 이런 마음이었을 게다. 선생님은 47세에 폐암으로 세상을 떠났다. 그래서 「엄마 무릎」에서 읽히는 일상성이 더욱 돋보이는 것이리라. 살아가는 일이 전투 같은 이들에게 일말의 평안과 따뜻함은 얼마나 보배로운 일인가?

수많은 간증을 들었다. 30배, 60배, 100배로 거두게 하신다는 하나님은 투자의 지름길 같았다. 교회에 넘치도록 헌금을 했더니 사업이 뻥튀기처럼 불어났다고 했다. 교회 일에 밤낮 헌신하여 자식들 돌볼 틈조차 없었건만, 어느새 아이들이 좋은 대학에 덜커덕 입학했다고도 했다. 하나님을 신뢰하고 자식을 방치했더니 하나님이 키우셨단다. 정작 그 자식들이, 엄마 없이 보내느라 외로웠던 시간들은 얘기해 주지 않았다. 나는 투자를 몇 배로 갚아 주시는 그 일이나, 아이의 마음은 외면하고서도 좋은 대학 간 것을 자랑하는 그 일에서 하나님을 느끼지 못하겠다.

탄광 마을. 갈그락거리며 귀지 파는 엄마 무릎에서, 터무니없는 아빠 자랑으로 한바탕 웃음이 있는 그 교실에서, 도리어 하나님을 느낀다. 하나님도 흐뭇하셨겠지. 따뜻함으로 스르르 잠드는 아이 모습 때문에. 비통함을 깨뜨리는 흐드러진 웃음소리에 하나님도 한시름 놓으셨겠지. 거룩이 별다르냐. 우리가 맞대고 살아가는 바로 그 자리에서 하나님을 느끼면 그것이 거룩 아닌가. 거룩이란, 이렇게나 일상적이거늘.

되돌아보니 하나님은 성공의 자리에 머무르지 않으셨다. 권력의 자리에 있지 않으셨다. 특별한 자리를 좋아하지 않으셨다. 쳐다보기만 해도 위엄스럽고 장엄한 교회당 안에, 종교적 엄숙함 속에 가둬지는 하나님이 아니셨다. 눈과 눈을 맞대고 가슴과 가슴이 통하는 곳, 같이 웃고 울고 기뻐하고 슬퍼하는 허드레 같은 일상에 함께 계셨다. 일상이 시가 되는 그곳에 하나님이 계셨다.

성장, 환대로 살아가기

중국에 와서 새롭게 시작한 남편의 취미 생활. 골프. 그는 절약이 몸에 배어 있는 사람이라 허영이라곤 밴댕이 소갈머리만큼도 없는 터라 골프를 한답시고 그럴싸한 골프용품 사재기는 자체 절제가 되는 편이다. 남들 보란 듯, 값비싼 용품을 사는 법이 없다. 수, 금 양일간 정기적으로 내기 골프를 하고(그래 봐야 직원들끼리

밥값 내기), 토요일에는 가족 예배 시간을 침범하지 않는 선에서 골프
연습을 한다. 그리고 간혹 회사 임원들끼리 필드에 나가곤 하는데,
곧 춘절(한국으로 치면 설 연휴)이 다가오니 필드에 나갈 계획이 있나
보다. 그것 때문에 골프채를 하나 사고서는 손에 쥐어 보고 이래저
래 폼을 잡는다. 그러면서 하는 말.

"20년간 골프를 친 ○○○가 겨우 6개월 배운 나의 실력을 보
면 깜짝 놀라겠지?"

회심의 미소를 짓는 양이 자못 기대된다.

"여보, 누구한테 인정받으려고 하지 말게나. 지금껏도 당신은
잘 살았으니까, 지금까지의 삶으로도 충분히 성실하게 살았으
니까, 이미 인정받을 만한 삶을 살았네. 골프는 그냥 쉰다 생각
하고, 정말 나에게 휴가를 준다 생각하고 쳤으면 좋겠네."

그러고서 동기 자극용으로 한마디 말을 더 찔렀다.

"이제 하나님하고만 친해지면 되겠네."
"그래서 내가 준비했네. 성경 가죽도 새롭게 씌우고, 필사도 하려

고 준비하고, 날마다 성경도 읽으려고 출근길에 다섯 장을 읽지."

　마음가짐을 새롭게 했다는 뜻일 게다. 새로움을 여전함으로 밀고 나가기가 쉽지 않지만, 그의 특유의 성실함과 책임감이 하나님의 신실함과 접촉되는 지점이 있을 거라 기대한다. 나 또한 그를 향한 신실함을 포기하지 않으려 한다.

　같이 오래 살다 보면, 어느 지점에서 포기되는 게 있다. 내가 원하는 방식으로 사랑해 주길 바라는 마음의 내려놓음. 그러면서 함께 포기하는 게 있는데, 상대의 변화를 꿈꾸는 마음이다. 상대의 변화가 나를 만족시킬 거라는 기대는 끊임없이 혼란스럽고 복잡한 정서를 경험하게 한다. 말도 안 되는 비약을 하고, 롤러코스터처럼 천국과 지옥을 왔다 갔다 한다. 그러나 그 기대를 내려놓고 나면 큰 바람에 일렁이며 넘실대던 파도 같은 마음이 가라앉고 고요히 침잠해지는 평온을 느낄 수 있다. 평온함이라 했으나 그저 좋은 일만은 아니다. 일종의 에너지 상실을 의미하기도 하니까. 즉 변화를 위한 싸움을 포기하는 것, 싸움의 치열함을 내려놓고 간격이 주는 편안함을 택한 것인데, 다시 말해 성장을 포기하는 일이다.

　스캇 펙은 『아직도 가야할 길』에서 성장을 포기하는 일을 '게으름'

이라 정의했다. 대부분의 사람들은 죽을 때까지 꾸준히 성장하고 싶어 하지 않는단다. 즉 '게으른' 상태에 머물러 있기를 바란다는 말인데, 이미 언급했던 것처럼 치열함보다는 평온(이라 읽고 편안)함을 선택한다는 것이다. 스캇 펙의 정의대로라면 성장을 멈춘 평온함이란 위장된 게으름이라 할 수 있겠다. 그래서 말이다. 나를 만족시키지 못한다고 해서 어찌 상대의 성장을 포기할 일인가? 그리하여 이 지점에서 나는 다시 한 번 인간의 이기심, 자기중심성이 얼마나 골수에 사무치는지 뼈저리게 깨닫게 된다. 어찌하여 인간은 사랑하는 이에게서조차 자신의 욕구 충족이 제1의 동기가 되느냐는 말이다. 심하게 말해서 '역시 당신은 내 필요가 아니었어. 거기 그만큼 있어줘.' 이런 태도일 수 있음을 부인할 수 없다. 의식했든 하지 않았든.

일정 시간 동안 어떻게 함께 성장할까를 고민했다. 어떻게 함께 그리스도의 분량에까지 자라나기를 소망하며 살아갈까, 단순한 '변화'가 아닌 '성장'을 어떻게 이룰 수 있을까?

나름대로 변화와 성장을 정의해 본다. 변화란 '자기 지향성', 즉 나의 욕구대로 상대가 변화되길 원하는 것이고, 성장이란 '더불어 지향성', 즉 함께 커 나가기를 바라는 것이다. 내 욕구 충족을 위한 변화를 재촉할 때는 마음의 전제가 비난일 수밖에 없다. 이전의 삶과 태도를 부인해야만 한다. 그러나 성장이란 과거의 삶과 태도를 인정하는 것에서부터 시작된다. 좋든 싫든 그럴 수밖에 없었던 그 사람만의 이야기를 이해하고, 그 이야기들이 지금의 존재를 살아오게 했음을 인정하는 것, 틀어지고 왜곡된 생각과 태도라도 그럴 수밖에 없었던 그(또는 그녀)만의 이유를 살피는 것, 그리고 토닥이고 품어 주는 것에서 시작된다. 이를 시인 정현종의 시어를 빌린다면 '환대'라고 할 것이다. 그는 「방문객」이라는 시에서 한 사람의 존재가 얼마나 큰지를 노래한다. '사람이 온다는 것은 실로 어마어마한 일'이라고, '그의 과거와 현재, 미래가 함께 오는 것, 일생 전체가 오는 것'이라는 웅숭깊은 언어로 환대의 길을 알려 준다. 한 사람의 전체, 그 존재의 인정과 긍정을 전제로 시작되는 것. 성장은 바로 이 지점에서 출발한다. 그래서 자꾸자꾸 언어를 고르게 된다. 성장을 위한 언어, 더불어, 함께 살아감이 성장이 될 수 있는 언어들 말이다.

현대인에게 환대란 나그네에게만 필요한 것이 아니다. 낱개로 분절되어 굴러가는 삶의 형틀 속에서 가족 공동체마저도 각자도생으로 살아가는 이 시대에 필경 '환대'는 누구에게나 필요한 것이 아닐까? 그래서 다시 마음을 꼭꼭 다잡아 본다. 누구든 그들의 삶을 환대하자, 거기서부터 성장을 꿈꾸자고. 갈피를 더듬어 볼 수 있었던 '바람'처럼 있어 보자고…….

오물 만지는 삶
– 2022년 세움북스 신춘문예 수필 부문 가작

급하게 점심을 준비하며, 음식물 쓰레기를 처리하다가 쓰레기통의 물받이가 엎어지고 말았다. 남편이 재빨리 와서 대걸레로 처리해 준다. 나는 한쪽 싱크대 하수구에서 음식물 찌꺼기를 손가락으로 빡빡 치대며 빼냈는데, 마침 그때 엄마 생각이 난다. 그래서 혼잣말.

"나 어릴 때 엄마가 이렇게 싱크대의 음식물 찌꺼기를 손으로 만지면 참 신기했는데, 엄마는 그 더러운 것을 어떻게 그리도 아무렇지 않게 만지작거렸을까? 이제 내가 이 짓을 하고 있네. 아무렇지도 않게."

더러운 것을 잘 만진다는 건 어떤 변화일까? 아무렇지 않게 만질 수 있을 만큼 더러움에 익숙해진 걸까? 궂은일을 마다하지 않는 내성이 생겼다 함일까? 작은 녀석은 누가 이미 마신 컵이나 그릇, 숟가락이라든가 타인이 잠깐 손만 닦은 수건조차도 다시 쓰는 법이 없다. 가로 60센티, 세로 40센티는 될 만한 수건을 손 한 번 닦고 빨래 통에 넣기 일쑤다. 어찌나 깔끔을 떠는지 말이다. 그러면서도 더러운 걸

치우는 것에는 아예 관심이 없다. 음식물 쓰레기 버리는 것을 극도로 혐오한다. 그런 양을 보일 때마다 나는 말하곤 한다.

"니 배 속은 더 더럽거든!!"

이렇게 볼멘소리를 하면서도 나 또한 그랬던 것을 기억하기 때문에 아들을 이해하지 못할 일은 아니다. 그리 큰 도시도 아니건만 도시에서 살다가 외할머니가 사시는 시골에 가면, 동네 어귀에서부터 풍기던 시골 냄새를 잊을 수가 없다. 그때는 그 냄새의 정체가 무엇인지 몰랐으나 지금에 와 생각하니, 그것은 인분과 벼 지푸라기를 켜켜이 쌓아 두고 발효시키는 거름더미에서 흘러나오던 냄새였다. 비위가 약한 나에게 그 냄새는 너무나 자극적이어서 외할머니 댁에서는 거의 식사를 하지 못했다. 모든 음식에서 거름 냄새가 나는 것 같아서 말이다. 그래서 굶다시피 하다 집에 돌아왔다.

결혼을 하고 남편이 나고 자란 곳에 처음 갔을 때, 그때와 비슷한 냄새를 맡았다. 결혼 후 새댁이 되어 시댁을 갔을 때, 아버님이 인분을 퍼서 나르시는 모습을 보고 엄청 놀랐다. 저 일을 하실 수 있구나! 그 궂은일을 하실 수 있다니! 시아버지는 농부. 농부는 이런 일도 할 수 있어야 하는구나, 문화 충격이었다.

남편은 그런 아버님을 보고 자라서인지, 더러운 일을 처리하는 데 능수능란하다. 막힌 화장실을 뚫는 일, 싱크대의 관을 뚫는 일, 이사할 때 드러나는 냉장고 아래의 켜켜이 쌓여서 진득하게 된 먼지 구덩이를 치우는 일들을 심상하게 해 나간다. 살아가는 동안 아내의 입장에서 섭섭한 일이 없지는 않으나 나는 남편의 이런 면을 높이 평가한다. 더러운 것을 치우는 일은 궂은일, 손쉽게 할 수 있는 일이 아니다. 그러나 누군가는 해야만 하는데, 이걸 질색하지 않고 덤덤히 하는 사람이라면 꽤 신뢰가 간다. 괜찮은 사람이라 여겨지는 것이다.

　어른이 되면서 나는 더러운 것을 만지는 것에 익숙해졌다. 어쩌다 깜박하고 방치하다 썩어 빠져서 곰팡이가 슨 음식물을 처리하는 것, 이거 저거 손질하다 쓰레기의 집합지가 된 싱크대의 하수구라든가, 하루만 방치해도 썩은 냄새가 진동하는 음식물 쓰레기통을 비우고 깨끗하게 처리하는 일, 화장실의 막힌 인분을 처리하는 일, 쌀에 생기곤 하는 쌀벌레를 없애는 일. 신나는 일은 아니지만 나의 일이니까 익숙해졌다. 어릴 때는 밥을 못 먹을 정도로 비위가 상하는 일이었건만 이제는 여상한 일이 된 것이다.

　더러움을 치우는 궂은 일, 살아간다는 것은 이 일을 끊임없이 반복적으로 해야 한다는 것을 인정하는 것일지도 모른다. 나의 일로 인식하고 피하지 않는 마음의 상태가 어른이 되는 길인지도 모르겠다. 더러움을 치우는 그 번거로움을 감당한 손으로 다시 깨끗한 밥을 짓고, 화장실 변기통을 박박 문지른 그 손으로 다시 맛깔난 반찬을 하는 것.

어릴 때는 죄책감이 내 심령을 짓누르면 후유증이 심했다. 스스로가 못났다는 걸 확인하면 좌절감으로 생활이 엉망이 되었다. 일상의 루틴이 무너지고, 방바닥에서 며칠을 뒹굴며 내 자신을 방치했다. 지금 생각해 보면 지금 짓는 죄보다 더 무거울 것도 아니다. 성가대를 가야 하는데 TV를 보다 가기 싫은 마음에 결석했던 것, 친구에게 전도를 해야 하는데 용기가 없어서 나서지 못했던 것, 조금의 미움이라도 찾아오면 사랑하지 못하는 내가 하나님을 믿는 믿음이 있는가 싶어 과연 천국이란 데를 갈 수 있을까 두려웠던 것 등이다.

어찌 보면 순수의 시대를 회상하는 것 같지만 기실은 내 자신에게만 집중된 모습이다. 내가 나에게 만족할 수 있어야 했고, 나에게 만족되지 못한 부끄러움은 하나님보다는 사람을 의식하는 데서 오는 것, 타인의 인정과 칭찬에 대한 욕구에서 오는 것이다. 나는 오물처럼 붙어 있는 나의 약점이 부끄러웠다. 오물과 내가 하나가 되어 같이 뒹굴었다.

오물은 오물이다. 믿음이란 오물이 내가 아님을 인정하는 것이다. 그것은 치우면 될 일이다. 오늘 치우고 내일 또 치울 일이다. 지나치게 끔찍하게 여길 일도 아니다. 사람에게 가장 실망하지 않는 법, 사랑하기를 유지할 수 있는 법은 내가 그랬듯이 그도 허물이라는 오물 속에서 뒹구는 인생임을 인정하는 것이다. 놀라지 않고 누군가의 허물을 받아들일 수 있다면 인생 좀 아는 사람이다.

어린아이에게는 부모가 위대하다. 그러나 어느 순간 생각만큼 위대하지 않은 부모를 만나게 된다. 그때가 아마도 아이가 겪는 사춘기이고 반항기일 것이다. 아이와 적이 될 수도 있겠다. 그러나 인생을 더 살아가다 보면, 위대하지 않았던 부모가 다시 위대해지는 시간이 찾아오는데, 허물투성이 속에서도 살아 낸 인생, 그 인생 자체가 귀한 것임을 깨닫게 될 때이다. 존경은 때깔 나는 성취보다는 허물투성이의 인생이라도 귀하게 여기며 살아 낸 인생에서 비롯된다. 그럼에도 불구하고 밥 짓는 일을 포기하지 않는 자세, 나에게 집중하지 않고 예수님께 집중하는 마음의 태도, 이것이 살아갈 힘이다.

그래서 말이다. 방금 뒤를 닦은 손으로 밥 짓는 일을 하는 것이다. 여전하게 말이다. 나라는 감옥 속에서 깜깜하지 말고, 참된 주인의 세계에서 자유롭게 살아갈 양이다. 여상하게 오물을 치우면서. 어른처럼 말이다.

취향을 확인받는 방법

오늘 남편을 위한 아침 식사는 콩나물 국밥이다. 하룻밤 전에 내놓은 육수에 콩나물을 듬뿍 넣고, 파, 청양고추 송송, 달걀노른자 풍덩 넣고 김 가루를 얹으면 돈 주고 사 먹는 국밥 못지않은 비주얼이다. 겨울이라 특히 국밥을 내놓는 건데, 국밥 마니아인 남편에 대한 배려가 묵직하게 담겨 있기도 하다. 하지만 나는 국밥을 썩 좋아하지 않는다. 취향도 아닌 일을 하면서 아침부터 앞치마를 두르고 국밥집 아줌마가 제대로 되어 살아간다.

이 집은 한국식 난방이 되지 않는다. 집안의 냉기가 늘 새롭다. 밤새 전기장판에 데워진 몸을 일으켜 부엌에 도착하면 집안 전체에 감도는 냉랭함이 온몸에 찰싹 달라붙어 모든 근육을 움켜쥐고 놓아주질 않는다. 그 냉랭함이 어린 시절 부뚜막의 연탄아궁이가 있던 부엌을 회상시킨다. 바깥 세계와의 통로가 되었던 당시의 부엌, 그 시절의 겨울 부엌에서 나는 음식 냄새는 냉기 속에서 묘한 정서를 불러일으켰다. 지금처럼 사방이 하나로 연결된 아파트라는 공간에서 느낄 수 있는 성질의 것은 아니었다.

그러나 한국식 난방 시설이 없는 중국식 아파트에서는 침실(전기 장판 사용)과 주방의 온도 차가 사뭇 생생하다. 그래서 소환되는 것이다. 나 어릴 때 엄마가 밥을 짓던 그 부엌. 부뚜막의 연탄불에서 국이 끓어올라 차가운 겨울 공기를 가르던 음식의 기운. 찬 공기 속에서 하얗게 피어오르던 수증기는 아침 길을 나서는 가족들을 도닥이는 일종의 격려 같았다. 이 겨울에 국밥을 끓일 때면 가족들을 향한 내 마음도 사뭇, 더욱 따뜻해진다. 배 속에 들어갈 뜨뜻한 한 술의 국물이 예사롭지만은 않겠지 싶어서 꽤 괜찮은 일을 하는 사람처럼 저절로 내 마음을 쓰담쓰담한다.

결혼을 하면서부터 남편은 나를 양평 해장국이네, 순댓국이네, 내장탕이네, 선지 국밥이네, 소머리 국밥이네, 이런 데를 끌고 다녔다. 결혼한 지 10년쯤 되었을 때 어느 한 양평 해장국 집에서 삭힌 매운 고추와 양념 다대기를 넣으며 자각했다. 결혼 내내 외식이랍시고 먹은 음식이라곤 탕, 국밥들뿐이었다는 걸. 결혼 전에는 먹어 보지 않았던 것들이다. 아들 둘의 입맛까지 남편의 취향을 따라 제대로 길들여진 이 난공불락의 상황에서 나는 어쩔 수 없이 앞으로도 이런 곳으로 끌려다닐 수밖에 없게 되었다. 한 끼라도 밥하는 일에서 해방되려면.

아, 나는 나의 입맛 취향을 제대로 잃었다. 여름엔 상추에 갓 딴 고추와 된장 조금, 흰 쌀밥을 싸 먹고, 차가운 냉수 한 그릇 마시면 만족스럽던 입맛……. 고기 냄새에는 왜 이리 민감한지, 소, 돼지, 닭, 오리 모두 냄새가 나지 않은 것들이 없고, 이것들을 안전하게 내 위장에 도착하게 하려면 온갖 야채에 감싸 집어넣어야만 하는 나는 완전 채식 마니아다. 고기 냄새는 싫어도 야채의 특유한 향은 좋아해서(기꺼이 향이라 하겠다. 냄새가 아니라) 쑥갓, 깻잎, 신선초 등의 향이 진한 야채를 더욱 탐하는 채식 식성. 심지어 중국에 와서는 시향차이(香菜)라고 하는 고수까지 접수했다. 중국에서는 훠궈, 마라탕 등을 먹을 때, 스스로 자기 양념장을 만들어 곁들이는데, 나는 그 양념장에 고수를 엄청 집어넣는다. 마라탕을 먹을 때도 반드시 고수를 집어넣는다. 고수는 중국 음식의 느끼한 맛을 잡아주는 데 적격이다.

그러나 채소 반찬은 집에서 자주 조리할 수가 없다. 세 남자 모두의 취향이 아니다. 먹게 하려면 고기 70%에 채소 30%의 비율로 샐러드를 해 주어야 한다. 그러니까 돈가스 샐러드, 차돌박이 샐러드, 닭가슴살 샐러드 등등의 메뉴에 섞여 나오는 채소들, 아니면 삼겹살을 먹을 때 함께하는 상추 정도를 애교로 먹어 주는 가족들이다. 그러니 나 먹겠다고 각종 나물입네 만들어 놓으면 결국엔 버리기 일쑤다. 나 또한 입맛이 사치스러운지 한두 끼 먹은 반찬은 다시 먹고 싶지 않다. 주부란 기본적으로 가족들을 위하여 밥을 하는 존재다. 나의 입맛보다 가족들의 입맛이 우선순위일 수밖에 없다. 그러다 보니, 어느덧 식탁에서 내가 좋아하는 음식은 사라지고 가족들 입맛을 맞추는 음식만 차지하게 된다.

그렇다. 나는 내 취향과는 먼 삶을 살고 있다. 그러다 식구들 없이 혼자 식사를 하게 될 때면, 토끼처럼 각종 쌈채에 된장을 올려 아삭아삭 씹어 먹곤 한다. 고기 샐러드 말고 야채샐러드는 어쩜 이렇게도 내 취향인지, 그간 남자들의 식성 속에서 굶주렸던 나의 취향 저격, 확인 사살 한 방을 싱그럽게 받아들이고 만족한다. '어.쩌.다.가.' 말이다. 비로소 내가 얼마나 야채를 좋아하는 인간인지 다시 한 번 확인하는 건데, 이게 또 오랜만에 손을 댄 취미 생활처럼 익숙하면서도 '새로운' 기분이란 거. 간간히 취향을 새롭게 확인하며 살아가는 맛이라니! 이것은 희생인가? 보상인가?

주부 권태기 탈출기

정말로 하기 싫을 때가 있다. '이때'는 주기적으로 찾아온다. SNS에 올리는 음식 사진으로 내가 마치 요리의 고수인 양 여기시는 분들이 있지만, 나야말로 음식은 간만 맞으면 된다고 생각하는 아주 단순무식한 스타일이다.

한 달여 동안 부재중인 남편은 주부 게으름에 일조를 한다. 아무래도 식구 하나, 그것도 가장의 입이 사라지면 주부 생활은 매우 간편해진다. 일단 아침 일찍 새벽밥을 짓지 않아도 된다. 아이들의 아침은 접시 하나에 좋아하는 반찬을 얹어 일품요리로 내놓으면 간단히 해결이 된다. 다만 아침 시간의 자유가 늘어나는 만큼 권태로움도 늘어난다.

가을이라는 계절 탓도 있겠다. 가을의 공기는 어쩌면 이리도 달까? 쳐다보기만 해도 상쾌하고 상큼함이 온몸에 전해 오는 것 같다. 이런 날씨에 집안일에 치여 있다고 생각하면 전업주부는 병난다. 그럼에도 불구하고 생은 먹는 일을 필연코 요구하니 무작정 집어치울 수도 없고, 해야 하지만 하기 싫은 이 권태로움의 위기로부터 어떻게 뛰쳐나올 수 있을까?

일단 시작한다. 반드시 영혼 가출 상태로 가능한 일, 가장 단순 반복적인 일로 시작해야 한다. 만만한 일이라야 시작하는 마음의 장벽이 낮다. 나에게는 마늘 까기! 마늘을 까다 보면 파김치라도 담가 볼까 싶은 생각이 든다. 쪽파를 다듬는다. 단순 반복적 행동이 결과를 낳는다. 점차 의욕이 생긴다. 시작하기만 하면, 결국 일은 진행되고 마음의 자세도 바뀐다.

어느새 새록새록 생긴 일 기운으로 큰 녀석과 롱마오시장(農貿시장, 한국으로 치면 전통 시장)에 간다. 가서 보니 팔딱팔딱 살아 있는 생선들과 엉금거리는 게와 새우, 여덟 개의 다리를 흐물거리는 낙지, 노란 배를 번들거리며 가지런히 정렬된 황어가 '어서 구워 드소서' 소리치는 것 같아 내 맘을 뒤흔든다. 게다가 데리고 간 큰 녀석은 본인이 더 흥분해서 이 생선을 굽자, 저 생선으로 매운탕을 하자는 둥 시선을 여기저기 흩뿌리며 구매에 열중이다. 역시 시장에 오길 잘했다. 시장은 주부 권태 치료에 아주 방책이다.

전복과 소라와 꽃게와 황어와 낙지와 새우를 한껏 사 왔다. 꽃게로는 간장게장을 담글 요량이다. 간장게장은 둘째 녀석이 최애하는 음식으로, 외할머니에게 엄마가 반드시 전수받길 바라는 음식 제1호이다. 이걸 해 준다는 말에 입시생 둘째는 공부 뚝심 만렙. 이 지점에서 전업주부, 나의 권태로움이 또 한 번 삭감된다.

냉동고에 30분을 방치했음에도 불구하고 생생하게 살아 집게발을 갈그락거리는 꽃게, 이 녀석들과의 사투가 벌어진다. '제발 냉동고에서 얌전히 기절해 주지, 왜 아직까지 살아서는 내 마음을 이리도 애처롭게 하는 것이냐. 그러나 너와의 사투가 내 권태기를 앗아 가기는 하는구나.' 굴하지 않는 정신으로 손질을 완성한다.

게장을 담글 육수를 끓이고 손질을 하는 동안, 작은 녀석만큼이나 게장에 진심인 큰 녀석은 새우장도 담가야 한다면서 나를 설득하고, 육수 맛 간을 보고, 심부름을 하며, 완성될 음식에 대한 기대감과 설렘을 감추지 못한다. 하아, 이 녀석의 설레발에 전업주부 권태감 90 프로는 이미 날아갔다.

드디어 파김치와 새우를 얹은 간장게장이 완성되었다. 둘 다 약이틀 정도 숙성해 두었다가 식탁에 내놓으면, 아마 삼 일도 못 가서 동이 나고 말 것이다. 맛있는 음식에 진심인 두 아들을 보는 것이 어찌 기쁘지 않을까?

예수님은 최후의 날 전에 제자들과 만찬을 하셨다지. 잡히시기 전날에 떡과 포도주를 들어 이것은 내 몸이고 내 살이라고, 내가 다시 올 때까지 이것을 계속하여 기념하라 부탁하셨다지. 안식일에 이삭을 집어 먹었다고 제자들을 힐난하는 종교 지도자들에게 도리어 따져 물으셨다지. 누가 안식일의 주인이냐고. 당신이 바로 안식일의 주인이라고 혁명적 선언을 하셨다지. 어떤 자들은 예수님을 가리켜 먹기를 탐하고 포도주를 즐기는 자(눅 7:34)라고 비난했지만, 주님은 그런 것엔 눈 하나 깜짝하지 않으셨지.

나는 주님께도 먹는 것이 중요했다 믿는다. 그러니 잡히시기 전날까지 제자들과 식사를 하셨겠지. 식사는 마음의 담을 허무는 시간이었고, 생을 함께한 시간이며, 만남의 시간, 연결의 시간이었을 것이다. 예수님과의 식사는 제자들에게 깊고 깊은 기억이 되어 두고두고 추억하는 일이 되었을 것이다. 그러니 먹기 위한 주방의 허드렛일은 얼마나 영성적인가? 탈출 성공! 주부의 권태로움에서!

내일은 남편의 귀환 기념으로 해물탕을 끓일 건데, 남편의 반응은 뻔하다. 내가 그의 귀환을 기념하기 위해 전업주부 권태기를 어떻게 극복했는지에는 관심조차 없을 것이고, "맛있다", "고맙다" 등의 언사는 뉘 집 개 이름인 듯 무심하게 굴면서 그릇을 비우는 일에만 착념을 하겠지. 쳇쳇. 여기서 나의 주부 권태기는 다시 찾아오고야 말겠지만, 원래 삶이란 내려갔다 올라갔다 이 일의 반복이니까. 게다가 이미 탈출법을 터득했으니까, 그저 웃을 뿐!

갱년기의 밤

나에 대하여 몇 가지를 적어 보았다. 몇 가지를 적다가 '나는 내 소명을 모름. 소명 같은 거 몰라도 되니까 하나님이 그만하면 잘 살았다고 해 주시면 좋겠음'이란 대목에서 눈물이 왈칵 나오려고 한다. 뭘 이루려는 욕구는 진즉에 내려놓고 살았다. 무언가를 성취해서 결과를 내는 삶, 이것이 목적이 될 때 간과하기 쉬운 것들이 너무나 많음을 알아 버렸다. 큰 것을 좇으면 작은 것을 잃어버리기 쉽고, 대의를 좇다가 가족을 잃어버리기 쉽고, 남다른 성취를 바라다가 일상에서 풍성하게 길어 올릴 수 있는 소소한 감사와 은혜를 간과하기 쉽다.

텃밭에서 상추 한 잎 한 잎을 딸 때마다 '인생이 이런 것이 아니겠는가' 생각했었다. 하늘거리는 여린 잎 한 장 그 자체로는 대단할 것이 없다. 참을 수 없는 존재의 가벼움이란 바로 이런 낱 잎을 두고 한 말이겠거니 했다. 그러나 한 잎 한 잎 쌓이고 쌓이다 보면 어느새 묵직해진다. 제법 수확의 기쁨이 있다. 낱장의 가벼움이 차곡차곡 쌓여 묵직해질 때의 만족감이란 의외로 벅차다. 인생의 날 또한 마찬가지 아니겠는가. 하루 한 날의 무게야 별거 아니라도 날과 날이 쌓이다 보면 묵직해지는 무언가가 있겠지. 그리하여 당장 오늘 하루의 무게가 새털처럼 가벼울지라도 '쌓인' 세월이 주는 만족이 있을 것이라 기대했다. 그래서 소명을 몰라도 됐다. 그냥 내가 처한 장소와 상황 자체가 소명이라 여기는 것이 가장 맞다 싶었다. 그러나 정작 중년의 나이가 되고 보니, 눈을 까뒤집고 살펴봐도 별다르게 쌓인 게 없다. 보이는 것이라곤 '노화'라는 흔적뿐이다. 그래서 이즈음에 '상실'이란 단어를 깊이 묵상했다.

『영혼의 밤을 지날 때』(다이애나 그루버, 바람이불어오는곳, 2021)를 글벗님들과 함께 읽으면서 종교 개혁자 마르틴 루터의 죽음 직전 고백을 곱씹었다.

우리는 모두 거지다. 진실로. - 『영혼의 밤을 지날 때』, 73.

루터가 죽고 난 후 그의 방에서 마지막 유언으로 발견된 종이에 기록된 문장이라는데, 참으로 예상치 못한 고백이다. 종교 개혁이라는 시대가 요청한 위대한 소명을 따라 살다 간 위인의 마지막 유언치고는 너무나 빈약하고 애처롭다. 뭔가 좀 더 아름답고 거룩하고 신령해야 하지 않을까 싶은데 말이다. 그래서인지 한편으로는 무척 도전적이다. 생각이 뒤집어진다. 시대를 바꿔 버릴 만큼 위대한 일을 한 큰 사람이라도 결국은 저렇게 하찮은 존재감을 마주할 수 있구나. 그것도 마지막 순간에 말이다. 상식적인 기대와는 다를 수 있음을 비로소 마주한다.

왜 루터는 말년에 좀 더 신령하고 은혜로운 만족감을 누리지 못했을까? 그를 평생 괴롭혔던 우울증을 감안하더라도 죽음 직전에는 '모든 것이 은혜였습니다'라는 유언을 남겨 주었으면 좋았을 텐데 말이다. 물론 그 고백 안에 내재된 의미는 그저 읽히는 것과는 다를 수 있겠다. 나만 해도 '역시 인간은 하나님을 입지 않고는 거지일 수밖에 없구나' 이 생각을 먼저 했다. 그리고 또 다른 나만의 해석도 해 본다. 루터 자신마저도 자신의 개혁의 한계를 느끼고 있었던 것은 아닐까. 분명 그의 개혁에는 한계가 있었다. 명분이 있었을지라도, 그는 정적을 죽였고 과오와 정욕으로 대의를 더럽힌 부분이 있었다. 이걸 정직하게 털어놓은 고백일 수도 있겠다 싶다.

그럼에도 불구하고 나는 루터의 고백에서 '위로'를 붙잡고 싶다. 큰일을 한 사람이나 그저 자기 인생 하나 견디며 산 사람이나, 많은 이에게 영향을 끼쳤던 사람이나 기껏 자기 가족 하나 건사하며 살았던 사람이나, 유명인이나 무명인이나, 위인이거나 범인이거나, 누구든지 마지막에는 오직 존재로 남는다.

주여 우리가 어느 때에 주의 주리신 것을 보고 공궤하였으며 목마르

신 것을 보고 마시게 하였나이까 어느 때에 나그네 되신 것을 보고

영접하였으며 벗으신 것을 보고 옷 입혔나이까 어느 때에 병드신 것

이나 옥에 갇히신 것을 보고 가서 뵈었나이까 하리니 _마 25:35-39

예수님께서 양과 염소를 나누어 의인과 악인을 가르시며 의인들
의 행한 일을 열거하시자, 그 말을 들은 의인들이 의아해한다. "우리
가 언제 그랬습니까?" 반문한다. 그들은 기억이 없다. 의로운 일을
행하면서도 의롭다 자기 확인을 하며 행한 것이 아닌가 보다.

반면에 악인들의 모습은 이렇다.

그날에 많은 사람이 나더러 이르되 주여 주여 우리가 주의 이름으로

선지자 노릇 하며 주의 이름으로 귀신을 쫓아내며 주의 이름으로 많

은 권능을 행치 아니하였나이까 하리니 _마 7:22

자신이 한 일을 너무나 잘 알고 있다. 주의 이름으로 한 일들이 의
식 속에 명백하다.

의인들은 의를 행하고도 의식하지 못하고, 악인들은 의를 행했다

는 자기 인식이 분명하다. 아이러니하다. 하지만 명백한 차이가 있는 만큼 이유 또한 분명하지 싶다. '자기를 잃어버리지 않으면 주님을 의식할 수 없음'이 이유 아닐까? 의인들은 자신을 드러낼 의로운 '명분'보다 '주님과 함께' 길을 가는 것에 민감했던 것이다. 당연히 악인은 반대였겠지.

흘러간 시간 속에서 '쌓인 것'을 의식할 수 없다는 것은 매우 큰 상실감을 안겨 준다. 루터가 말한 것처럼 '거지' 같다. 완벽하지 않더라도 살아온 인생이 이렇게나 가벼우면 안 되는데 말이다. 우울과 허무가 찾아온다. 나는 한동안 이 기분을 붙잡고 치닫는 데까지 가 보았다. 지나치게 경계하고 싶지 않았다. 부정적일 뿐이라고 팽개치고 싶지 않았다. 성급하게 해결하려 하지 않았다.

다 인생이다. 하나님은 영광스러운 날들에만 함께하시지 않았다. 누가 보더라도 그럴 듯한 의로운 성취가 있었을 때에만 같이하시지 않았다. 도리어 나 스스로 하나님과 가장 멀리 있다고 느꼈을 때, 심지어는 하나님의 부재를 느꼈을 때 하나님은 가장 가까이에 계셨을지 모른다. 업적으로 영화로운 날보다 상실감으로 몸부림치던 날에 가장 가까이에서 내 마음을 쓰다듬고 계셨을지도 모른다. "주님이시여, 내가 어찌하여야 되겠나이까. 나를 어떻게라도 해 주소서!"라고 울며 부르짖는 소리로 밤의 적막을 가를 때, 그때 주님도 함께 당신의 가슴을 가르셨는지도 모르겠다. 내가 흘린 눈물이었지만 그것은 주님께서 흘리신 나를 향한 긍휼의 눈물이었을지도 모른다. 상실이 가장 깊을 때 가장 벗은 모습으로 그분 앞에 서 있는 나, 허물을 벗어 버린 나의 모습을 마주하는 일은 무척이나 고통스럽지만, 양파 껍데기처럼 허물을 벗고 또 벗어야 한다.

이제 와 생각하니 생은 쌓여 가는 게 아니라 벗어 가는 것이지 싶다. 허물을 벗어야 밀접 접촉하여 함께 걸어감이 가능하니까. 그래서 눈물이 왈칵 나왔나 보다. 주님께서 이 허접한 인생, 쌓일지 알았더니 흘러가 버린 이 인생이 주님과 함께한 삶이었다고 말씀해 주신다면, 나는 이것보다 더 바랄 것이 없을 것만 같다. 그래서 고요히 그분을 향하여 고백한다.

주님, 제가 언제 그리 하였나이까. 저는 모르지만 주님은 안다고 해 주소서.

작은 것의 쓸모 1, 친밀함의 정석

중국에서 남의 돈으로 세 들어 살 때에는 복층 구조의 집에서 살았다. 이층에 방 세 개가 있었는데 가장 큰 방이 부부 침실이었다. 하지만 그 방을 나 혼자 사용했다. 책꽂이, 책상, 킹사이즈 침대, 거실용 탁자와 의자를 두고도 작다 느끼지 않을 만큼 큰 방이었다. 게다가 드레스 룸과 화장실까지 붙어 있어서 그 공간 안에서 모든 동선을 소화할 수 있는 크기의 방이었다. 그런데 딱 그 크기다. 서울에 입성하여 살게 될 숙소 말이다.

열 평 남짓한 공간. 혼자 살던 공간에 아들 둘과 나, 이렇게 셋이 살게 되었다. 작은 침실 하나에 거실이 있는 공간. 큰 아이 일곱 살, 작은 아이 다섯 살 때부터 각자 침대를 사용했었는데, 이제는 한 사람이 넉넉하게 자면 알맞을 침대에 함께 몸을 누인다. 나는 거실의 소파에서 잠을 잔다. 모든 것이 한눈에 확인되는 공간. 좁고도 좁다.

아이들은 이 숙소를 보자 중국으로 다시 돌아가고 싶다고 투정이다. 각자 공간을 차지하면서 프라이버시를 한껏 누리던 녀석들이 잠자리까지 같이하자니 매우 불편했을 것이다. 그런데 이 녀석들의 투정에 동조할 만하지만, 나는 도리어 기대감이 있다. 좁은 공간에서 만끽할 수 있는 친밀감이랄까?

　우리 각자의 욕구는 좁은 공간에서 더 자주 부딪힐 것이다. 큰 녀석은 뮤지컬 음악을, 작은 녀석은 힙합을, 나는 CCM을 들으려 할 것이다. 아침마다 화장실 쟁탈전으로, "빨리 나와라. 급하다" 등의 언성이 들릴 것이고, 서로 다른 잠버릇으로 수면 방해를 받을 때가 비일비재할 것이다. 그럼에도 불구하고 우리는 잘 지낼 수 있다.

　짱구(작은아이의 별명) 눈가의 웃음기는 더욱 매력적으로 느껴질 것이고, 넙덕이(큰아이 별명) 인성 마크인 굿모닝과 굿나잇 인사는 더욱 정겨울 것이며, 나의 분에 넘치는 잔소리 또한 좁은 집을 울릴 것이나 사춘기를 지난 녀석들에게는 애교일 수도 있는 터(사춘기가 지나면서 아들들에게 엄마의 잔소리는 더 이상 위협이 아니다. 엄마의 큰 목소리에 유연함을 장착한 능글능글한 녀석들의 반응을 보면 알 수 있다), 우리는 대체로 웃음기 가시지 않은 안색으로 잘 지낼 것이다.

　사실, 침묵할 때 서로를 향한 친밀함을 가장 잘 알 수 있다. 나는 간혹 첫 만남의 자리에서 텐션이 올라가곤 한다. 긴장의 징조다. 침묵이 어찌나 어색한지 애써 화제를 찾으려다 아무 말이나 지껄이고는 집에 돌아와서 후회를 한다. 좁은 공간 안에서 서로를 마주하고도 침묵이 어색하지 않은 관계야말로 친밀함의 표식 같은 것이다. 넓은 집에서 각자의 공간을 차지하며 생활할 때에는 공유할 침묵의 공간이 흔치 않았다. 각자의 공간에 따로 있을 때가 많았으니까. 그러나 지금, 우리는 각자의 필요를 수행하면서 침묵의 공간을 함께 누린다.

이곳에서 진하게 붙어서 한 1년 살아가게 될 것이다. 앞으로 이런 공간 살이는 더 이상 기회가 없을 것이라 생각하니 더욱 특별한 경험으로 느껴진다. 어릴 적 대가족이었던 나의 친정에는 엄마, 아빠의 부부 침실은커녕 큰 방 하나밖에 없어서 그 안에 켜켜이 이부자리를 깔고 한데 모여 잤다. 마치 군대 숙소처럼 말이다. 아침, 저녁으로 이불을 끌어다 깔고 개는 것이 일과였다. 그렇게 부비며 살았다. 지금보다 더 좁아터졌던 그 시절의 추억이 행복으로 느껴지는 것은 '좁은 공간'의 혜택임이 분명하다.

마음의 거리가 공간의 크기와 정비례한다고 딱 잘라 말할 수 없겠지만, 역시나 공간이 좁으면 마음의 거리가 가까워진다. 시선 샤워랄까. 좁은 공간이 주는 피할 수 없는 시선으로 서로의 입성(의복)을 체크해 줄 것이고, 더 자주 서로의 기분을 살피며 토닥이겠지. 빈번하게 서로를 쳐다보고 마주하며 소곤거리겠지. 혼잣말까지 들리는 사정거리에서 서로를 듣다가 공통의 화제에 빠지기도 하겠지.

이렇게 좁은 공간에 들어왔어도 일주일 만에 적응하는 우리 가족(비록 남편이 빠졌지만)이라니, 우리는 친밀함의 정석을 알고 있는 것이 분명하다.

작은 것의 쓸모 2, 냄비의 재구성

드라마에서 자주 등장하는 장면, 특히 요즘엔 더욱 그런 듯한데, 바로 부엌 신이다. 로맨틱한 달콤 커플이 부엌에서 요리를 하는 장면, 평범한 가정의 일상적인 부엌, 요 근래 시청했던 '오늘은 좀 매울지도 몰라'라는 드라마의 남자 주인공이 요리하던 부엌까지. 드라마 속의 부엌에 나의 이목이 유독 집중된다.

사람들이 드라마에나 나올 이야기라며 드라마와 현실의 구분을 '스토리'로 가늠할 때, 나는 드라마 속의 부엌을 보며 역시 드라마는 현실이 아님을 실감하곤 한다. 그러니까 나는 드라마의 리얼리티를 부엌살림에서 찾는다는 얘기다. 어쩜 드라마 속의 냄비들은 그리도 깨끗한지, 과연 불 위에 올린 크고 작은 냄비들과 프라이팬이 현실 속의 그것들이라 할 수 있는가 말이다. 그렇다고 하기에는 지나치게 깨끗하다. 불에 그슬린 흔적이라든가 수세미에 마모된 자국이 전혀 없는 정갈한 냄비들은 단연코 비현실적인 세팅이라며 혀를 끌끌 차곤 했다.

분장 기술의 놀라움을 목격할 때는 더욱 그러했다. 의학 드라마의 수술 장면에서 마치 진짜 수술인 양 인체의 리얼리티가 생생하게 조명될 때, 나는 입을 벌리며 놀라곤 한다. 우리나라 분장 기술의 놀라운 발전에 기함을 하면서 말이다. 그런데 왜 이 사소한 부엌살림에서 리얼리티를 못 살리느냐 말이다.

나는 주부로 20년 이상을 살아서인지 진짜로 사용한 부엌의 냄비들은 깨끗할 수가 없음을 뼈저리게 알고 있다. 특히 나의 부엌에서는 더욱 그러하다. 나는 빠른 손의 재간둥이로 두세 가지 요리를 한꺼번에 한다. 국을 끓이면서 나물을 데치고 전을 부치는 일을 절차를 따라 비교적 빨리 해낸다. 그런데 역시나 빠르면 실수가 잦은 법. 두세 가지를 한꺼번에 요리하다 냄비의 국이 넘치거나, 태우거나, 불 조절의 시간을 놓칠 때가 다반사다. 그러니 내 부엌의 냄비는 바람 잘 날 없이 그을리고 타고 숯 검댕이가 되곤 한다.

새로 이사 온 이 집에는 화구 두 개의 가스레인지가 세팅되어 있다. 하나는 보통 사이즈의 화구, 다른 하나는 작은 사이즈. 1인용 뚝배기 하나 올려놓으면 적당한 화구. 그래서 두 곳에서 동시에 요리를 하기가 매우 번거롭다. 1인 가구에 어울리는 조리 도구를 갖고 있다면 별 문제가 없겠지만, 우린 3인 가족이다. 한 화구에 음식을 하면 다른 쪽 화구는 사용할 수가 없다. 결국 한 종류씩 음식을 해야 한다는 현실.

이 즈음에 나는 드라마의 세트장에 나오는 냄비들을 소환한다. '아, 흔적 없이 깨끗하게 사용할 수도 있겠구나.' 한 가지씩 요리를 하다 보니 국물이 넘치거나 그을릴 일이 없다는 것. 그래서 아직 내 부엌의 냄비가 새 것처럼 깨끗하다. 앞으로 꽤 오랫동안 사용감 없이 깨끗하게 유지될 것 같다. 그러니까 작은 것의 쓸모란 드라마 세트장의 조리 도구가 지나치게 깨끗한 것도 리얼리티가 될 수 있다는 것. 내 경험만으로 세상을 가늠하다가는 쓸데없는 비판을 할 수 있음을 깨닫는 것이라고 할 수 있겠다. 하하.

작은 것의 쓸모 3, 재능의 재발견

드디어 중국에서 이삿짐이 왔다. 총 61박스다. 짐을 줄이고 줄였는데도 생각보다 많은 짐이 꾸려졌다. 이 작은 숙소에 발을 들인 순간부터 숙소에 비해 많은 짐을 어떻게 정리할까 고민하고 고민했다. 그러나 짐이 당도하여 정리해 봐야 가닥이 잡힐 일이다.

짐이 오기 전 그나마 여유로운 이 빠끔살이를 즐기자고 스스로를 다독였다. 아예 짐이 오지 않기를 바라기도 했다. 그만큼 넓은 집에서 좁은 집으로 이사한다는 것은 답답할 노릇이다. 게다가 1/5로 축소된 집이라니, 어떻게 정리하고 수납할 것인가, 골치 아픈 일이다.

결전의 시간은 오고야 말았다. 61박스의 짐을 좁은 공간에 들여놓으니 발 디딜 틈이 없다. 일단 가장 많은 양의 짐을 정리한다. 책이다. 약 30박스. 그리고 주방용품 약 10박스. 그래도 이건 과대 포장이 많아(외국에서 오는 이삿짐은 포장이 장난 아니다) 생각보다 양이 적었다. 다행이다.

큰아이는 충실한 일꾼이 되어 주었다. 기특해서 일당을 주겠다고 얼마면 되겠냐고 물으니, 5만 원이란다. 그럼 엄마 일당은 누구한테 받냐, 우리의 일이니 2만 5천 원으로 하자고 협상을 했다. 둘이서 칭찬질. 우리 대단하지 않냐고. 그 넓은 집에서 이 좁은 집으로 이사 와서 일주일 만에 적응한 것도 기특한데, 이 많은 짐을 정리하면서 불평은 고사하고, 기어코 수납하고 정리까지 하고 마는 근성은 어깨

뽕 좀 올라가는 일이 아니냐며, 키득키득.

　　이것이야말로 재능 발견의 서사가 아니겠나. 역시나 연꽃이 흙탕물에서 피듯, 재능이란 궁색함의 못에서 발화하는 것이라며, 낄낄거리는 큰아이와 나는 철부지인가 희락 가족인가.

작은 것의 쓸모 4, 물건의 인격

　　　　　　도구화, 기계화, 몰개성화란 단어들은 현대 사회에서 심심치 않게 부정적인 단어로 듣게 된다. '인간'이란 단어 앞에 그것들이 수식어로 붙어 있을 때, 인간을 물건으로 보는 시야 때문에 생산성과 효율성에 비추어 인간을 바라보는 것이 얼마나 인간을 인간답게 하지 못하는가를 생각하게 된다.

　　그러나 저런 단어들이 인간이란 단어 앞에 붙었을 때만 부정적인 것은 아니다. 예를 들어 아빠의 성경책, 수십 년을 읽고 읽어 해지고 바랜 아빠의 성경책은 그대로 우리 집안의 가보가 되었다. 남겨진 자손들은 누구나 그 성경책을 탐냈지만, 큰오빠가 물려받았다. 이미 그것은 책이라는 물건의 감感을 벗어났다. 아빠의 세월과 신앙이 묻어 있는 흔적으로 눅진해진 성경책, 그것은 그대로 아빠의 인격이다.

이번 설 연휴 때, 친정에 내려가 아빠의 책 중 하나, 『남산의 부장들』을 가지고 왔다. 이 책은 큰 녀석이 읽었던 책을 아빠의 희망에 따라 드리고 간 것이다. 진우가 마지막으로 외할아버지께 선물한 책이다. 아빠는 역사 덕후셨고, 드라마를 즐겨하지 않으셨지만 역사 드라마는 반드시 시청하셨다. 선거철이 되면 날짜까지 정확히 언급하시며 현대사를 몸으로 경험하신 얘기를 격양된 목소리로 언급하시곤 했다.

내게 있어 『남산의 부장들』은 이미 책을 넘어선 물건이다. 큰오빠에게 아빠의 성경이 아빠의 한 부분이듯이, 내게는 이 책이 그렇다. 90이 넘은 연세에 책을 들여다보는 아빠를 상상만 해도 나는 아빠에 대한 자랑스러움을 느끼곤 했다. 책의 내용이야 어떻든지 간에, 그 연세에도 지적 호기심이 있으셨고 책 읽기를 지속하셨다는 것이 특별하게 느껴진다. 나는 죽을 때까지 이 책을 간직할 것이고, 이 책의 글자 하나하나에서 아빠의 숨결을 상상할 것이다.

해외 이삿짐을 쌀 때는 국내 이사 때보다 고민이 깊어진다. 두고 갈 것이냐, 가져갈 것이냐. 이 갈림길에서 가장 큰 고민을 했던 것이 커피 머신이다. 커피는 나도 좋아하지만 남편이 특히 좋아하는 애호식품이다. 그래서 이 머신 또한 남편이 구입한 것인데, 살게 될 집이 좁으니 나눔을 할까 고민을 했다. 누구나 환영할 물건이었으니까.

물건이 도구를 넘어설 때가 있다. 사람을 도구로만 바라보는 것은 병폐다. 그러나 물건 또한 쓰고 버리는 것 이상의 가치를 가지곤 한다. 그것에 그(녀)의 기호와 세월이 묻어 있음을 느낄 때, 행주로 물건을 닦아 내는 손길은 반려동물을 매만지는 듯하다.

우리 집의 커피 머신이 그렇다. 매일 아침 남편과 함께한 시간을 소환한다. 아침 끼니와 함께했던 커피 한 잔이 이 녀석 덕분이다. 크레마가 짙게 얹힌 한 모금의 커피를 마시는 것으로 밥술을 뜨기 시작했던 날. 손 대접을 할 때면 남편의 커피 기술(실은 기술 없음)을 가리켜 금손이라고 추앙하던 손님들의 행복하고 와자지껄했던 소리. 오늘의 커피 서비스는 "네가 해라, 내가 해 준다" 등으로 실랑이하던 입 싸움.

이 커피 머신에 그 모든 생활의 면면이 드라마처럼 묻어 있어 그것을 닦고 만질 때 영상을 켜는 듯하다. 이렇게 장면 장면이 담긴 머신을 두고 올 생각을 했다니, 오늘 아침 오랜만에 내린 커피 한 잔을 마주하자니 미안한 마음마저 든다. 그래서인지 더욱 반짝이는 이 녀석. 어떻든지 포기할 수 없었던 물건.

이 녀석을 좁은 공간에 두고 보니 그 가치를 선명하게 느낀다. 넓은 공간에서는 고민스런 선택을 하지 않아도 되었다. 그저 배치하면 되었으니까. 그러나 좁은 공간에서는 필연코 고뇌의 선택을 해야 했다. 아무리 좁아져도 가져갈 물건, 공간 매치 월드컵에서 마지막 승자. 이 녀석의 가치다. 작은 것의 쓸모, 좁은 공간의 쓸모를 이 녀석이 한 수 가르쳐 준다. 빛날 곳은 넓고 화려한 광장이 아니라고.

작은 것의 쓸모 5, 평화를 위하여

출산을 경험해 본 여성이라면, 생명의 잉태와 탄생의 과정을 쉽사리 잊지 못할 것이다. 나는 예정보다 14일이나 빨리 첫아이를 출산하게 되었는데, 13시간의 산통을 겪고도 자연 분만에 실패하고 말았다. 배 속의 아이가 위험할 수도 있다는 판단으로 제왕 절개를 결정했다. 정신을 잃었다 의식이 돌아오니 내 옆에 우리 아이가 있었다. 그 순간 내가 겪은 고통은 어디론가 사라졌고, 아이가 겪었을 고통을 상상했다.

"아이야, 너는 엄마 배 속에서 나오려고 얼마나 힘들었니?"

나의 첫 마디였다. 출산을 위한 책에서 읽었다. 출산은 엄마만 고통스러운 것이 아니라고. 아이 또한 자신의 첫 삶을 위하여 온 힘을 다하는 고통을 겪는다는 것을.

엄마와 아이의 공동의 수고로 생명의 탄생을 이룬다. 출산을 경험하면서 사는 것이 죽는 것보다 어렵다는 걸 깨달았다. 아이 낳는 것을 그만둘 수도 없고, 말할 수 없는 고통을 그저 통으로 참아 내는 일은 죽고 싶을 만큼 힘들었다. 어떤 분들은 아이를 낳고도 그 아이가 나의 아이가 맞는지, 저절로 생길 것 같은 모성애가 기대처럼 생기지 않아 당황스러웠다는 경험담을 성토하지만, 나에게 모성애는 아이가 태어난 순간, 마법처럼 찾아왔다. 내게 찾아온 생명은 그저 신기하고 사랑스럽기가 이루 말할 수 없었다. 말 그대로 '온 세상'이었다.

내 품에서 젖을 빨다 잠이 든 아이를 물끄러미 본다. 잠든 아이의 얼굴에서 느껴지는 평온함이란 바람기 없는 맑은 하늘이나 미세한 물결 하나 없이 한없이 펼쳐진 바다가 주는 그것과 비할 바가 아니다. 그 어디에서도 찾아볼 수 없는 안식. 1초만 쳐다보아도 이 세상의 모든 평화를 가슴에 담을 것만 같은 그런 평화로움이다. 성스러움마저 느껴지는 잠든 아이의 얼굴을 마주하며 나는 내 가슴속에서부터 전율을 느꼈다.

'아! 이 아이가 나보다 더 훌륭한 부모를 만났더라면!'

이것은 어떤 열등감에서 기인하지 않았다. 자기 비하의 느낌도 아니다. 온전한(완전함이 아닌) 생명 앞에 나의 존재가 얼마나 미약한가, 이 사실을 직면했다는 것이 적확한 표현일 것이다. 하지만 기실 이 녀석이야말로 절대적인 약자가 아닌가. 엄마라는 타인에게 절대적으로 의지해야만 삶을 유지할 수 있건만, 나는 그렇게나 미약한 생명 앞에서 일종의 경외감을 느끼며 한없이 겸손해지고 있었다.

노력으로 되지 않는 겸손함이 왜 이렇게 이 작은 생명체 앞에서 자연스러운 걸까. 마음의 근원을 살폈다. 사랑이었다. 사랑은, 겸손을 지켜내야 할 도덕적 덕목으로 억지로 규정하지 않았다. 겸손은 사랑에서 흘러나오는 것. 사랑은 마술처럼 겸손을 만들었다.

너희 안에 이 마음을 품으라 곧 그리스도 예수의 마음이니 그는 근본 하나님의 본체시나 하나님과 동등됨을 취할 것으로 여기지 아니하시고 오히려 자기를 비워 종의 형체를 가지사 _빌 2:5-6

수천 번을 읽었던 빌립보서의 말씀이 내게 가까이 다가왔던 순간이다. 예수님의 마음을 달라고 몸부림치며 기도했던 시간들이 한순간에 덮쳐 와 그것이 사랑이었다고 말하는 것 같았다.

　나의 육아는 이렇게 시작되었다. 나는 사회적 자아가 빈곤해서 포기할 것이 별로 없었다. 자아실현을 못하고 육아에 매여 있다는 피해 의식을 가지지 않아도 되었다. 나를 잃어버린다는 생각을 하지 않았다. 나는 도리어 이 세월들을 통하여 인간으로서 온전해질 것이고 성숙해져 갈 것이라 기대했다. 한 아이, 나의 보호와 돌봄이 없이는 한 치의 삶도 나아갈 수 없는 가장 미약한 존재 앞에서 나는 가장 큰 겸손과 사랑의 충만함을 배우며 그렇게 살아갔다. 태어난 지 딱 100일 되던 날, 누워서 천장만 바라보던 녀석이 자기 몸을 스스로 뒤집었다. 그날의 환희를 아직도 기억한다. 온 일가친척에게 전화를 하여 아이가 스스로 몸을 뒤집었노라고 마치 세상에 큰 선물이 온 양, 그렇게 떠벌였다. 계속해서 아이는 자라갔고, 걸음마를 뗐고, 걸으면서 모든 사물에 이입된 호기심을 가지고 나에게 말을 걸었다.

　"이거 뭐야?"

　바닥의 세상에서 80센티의 세상에 온 아이는 딱 그 높이에 있는 사물들에게 말을 걸었다. 아이와 같이 걸으며 비로소 들꽃의 존재를 인식했다. 채송화, 패랭이꽃, 개망초, 개똥풀, 제비꽃, 봄까치꽃, 민들레 등 아이의 눈높이에 있던 꽃들. 봄까치꽃은 그중에서도 얼마나 작은지, 손톱보다 작은 크기로 존재하는 꽃을 보고 있노라면 가엾다가도, 그럼에도 불구하고 존재하고, 살아가는 그 녀석의 용기에 한껏 박수를 치고 싶어진다. 세상의 화려하고 큰 것들은 그 녀석들의 존재를 신경 쓰지 않겠지만, 막 세상을 향하여 걸음마를 뗀 아이에게는 가장 먼저 눈에 띄는 꽃인 게다.

중국에 가기 전 3년 정도, 학교 현장에서 집단 상담 봉사를 한 적이 있다. 한 학기에 몇 개의 학교를 돌았다. 7~8명씩 그룹을 만들어 구조화된 집단 상담을 이끌었다. 전문가도 아닌 내가 뭘 얼마나 유능하게 집단 상담을 이끌었을까마는, 적어도 그곳에서만큼은 표준화된 잣대가 아이들을 규정짓지 못하도록, 아이들 각자 각자가 존재다움을 느낄 수 있도록 애를 썼다. 상담은 별칭을 짓는 것으로 시작했다. 이름이란 것도 실은 부모가 지어 준 것, 부모의 기대와 소망이 담긴 것, 그러니 우리가 모인 이 시간만큼은 자신이 지어 준 별칭으로 지내보자는 의미를 담아서. 아이들은 게임 캐릭터의 이름을 따다가 별칭을 짓기도 했지만 대부분 자신의 소망이 깃든 사물이나 자연 등을 자신의 별칭으로 지었다.

나는 줄곧 '민들레'라는 별칭을 사용했다. 내가 가장 좋아하는 꽃이다. 봄의 길을 열어 주는 희망의 꽃. 작은 존재가 희망스럽다는 것은 또 얼마나 희망스러운가. 민들레 한 송이는 수백 개의 꽃이 모여 이루어진다. 꽃잎 하나하나가 이미 꽃 한 송이 한 송이다. 작은 것이 모여 더 아름다운 꽃을 이룬다는 것이 참으로 의미심장하다. 꽃잎 하나하나가 홀씨가 되어 사방으로 펴져 어느 누구의 의식에 들어오기도 전에, 이미 어디에나 피어 있는 노.오.란. 꽃이라니! 나는 민들레가 피어 있는 곳마다 한참 시선을 멈춘다. 특히 돌무더기 틈이나 담벼락, 아스팔트 위에 얼굴을 내밀고 있는 녀석들을 볼라치면 생명의 끈기랄까, 의지랄까, 이름 모를 희망의 메시지를 읽곤 한다.

며칠 전 요즘 핫한 '영웅'이라는 뮤지컬 영화를 관람했다. 김마리아 역을 맡은 나문희 배우의 도마(안중근)에게 보내는 절절한 편지와 노래에 눈물을 폭풍처럼 흘렸다는 관객들의 후기를 들었다. 나 또한 아무리 참으려 해도 줄줄 흘러나오는 눈물을 어찌할 수 없었다. 한참을 객석에 남아 그 후유증을 갈무리해야만 했다. 영리한 영화감독과 제작자들은 관객이 어디서 눈물을 흘릴지 너무나 정확히 알고 있다. 게다가 역사의 실존 인물을 영화화한 것이니 신파적인 눈물이라 여기지 않을 관객의 심리까지 계산했을지 모르겠다. 그러나 내게 가장 인상적인 장면은 안중근과 일본 재판관이 마주하며 나눈 대화다. 안중근이 이토를 겨눈 것은 대한의 독립과 동양 평화를 위한 일이라고 했다. 마주한 일본인이 대답한다. 동양 평화는 우리가 바라는 바라고. 너와 나는 같은 뜻을 가지지 않았는가라고.

동양 평화라는 같은 목적을 가지고 두 부류가 싸운다니 얼마나 아이러니한 상황인가. 같은 목적이라면 뭉쳐야 하겠건만. 그렇다면 분명 하나는 거짓이다. 그럴싸한 포장지로 야욕을 감추었다는 말이다. 팽창 욕구로 가득한 제국주의적 야망을 동양 평화라는 포장지에 싸고서는 독려하고 선동하고 영웅시하는 꼴이라니. 큰 것들은 이런 짓을 한다. 대의를 위해서 소를 희생하는 것은 시대가 요구하는 필연이라고 하면서 작은 것들의 희생을 당연시한다. 자기 확대의 열망으로 충만한 존재들. 더 팽창하지 못해서 안달하는 것들. 힘으로 제패하려는 것들. 공존과 상생을 도외시하는 것들. 나는 큰 것들이 하는 짓이 싫다.

그래서 나는 감사한다. 작은 나, 초라한 나, 내놓을 것 없는 나, 이런 나의 토양을 감사한다. 지배해야 직성이 풀리는 존재가 아니라 의지해야 살아갈 수 있는 지금의 존재가 감사하다. 작은 것들이 모이는 세상에서 작은 것들은 서로를 의지해야 살아갈 수 있다. 매양 미약함을 실존으로 감지하고 살아가는 존재들은 서로가 서로에게 기대지 않고 살아갈 수 없다. 의지한다는 것은 서로를 존중한다는 말이다. 내가 전체가 되지 않고, 이 세계의 작은 퍼즐 하나로 인식하며 살아가는 삶. 이 퍼즐들 각자가 자기의 모습대로 살아가며 서로를 기댈 때 퍼즐 한 판이 완성된다는 걸 인식하고 살아가는 삶. 작은 것들이 누리는 호사다. 그래서 평화란 작은 것들이 누리는 호사 속에서 이루어지는 것이다.

외딴 길

요즘 인기리에 종영한 드라마 '일타 스캔들'. 나도 이 드라마를 즐겨 보았다. 여주 전도연과 남주 정경호의 합에 대하여 분분한 의견이 있었지만, 둘의 합을 지켜보는 재미가 있었다. 어느 영역에서나 희열을 느낄 때는 예상을 빗나갈 때다. 많은 우려를 뒤로하고, 이미 리즈 시절을 지난 여배우 전도연은 나이에 맞지 않는 상큼한 캐릭터의 로맨스를 잘 실현해 주었다. 상큼하다는 말로는 부족할 것 같다. 일단 중년쯤 되는 여인네의 상큼함이란 씩씩함 속에 감춰진 인정머리가 특색이라고나 할까. 자폐 장애가 있는 남동생과 언니가 두고 간 조카와 함께 살아가는 모습이 구질구질하지만은 않아서 시청하는 재미가 있었다.

일타 강사의 위력이 이 정도인 줄은 몰랐다. 준 재벌, 1조 원의 남자라니. 여태 재벌 집 아드님만 백마 탄 왕자인 줄 알았더니, 이제는 일타 강사도 여자 주인공의 왕자가 될 수 있다는 것. 이 시대를 반영하는 시류의 드라마임이 분명하다. 신데렐라 버전의 드라마에서 학원 강사가 백마 탄 왕자로 등장할 줄 누가 알았겠는가. 학원과 그리 친하지 않았던 나는 도리어 드라마를 시청하며 현실 세계를 인상 깊게 인식했다.

　게다가 로맨스에 미스터리나 스릴러 장르의 긴장감을 비벼 넣는 것이 트렌드인가 보다. 로맨스의 갈등과 긴장을 최대치로 끌어올리는데, 꼭 어떤 미스터리한 인물을 가미하는 드라마가 꽤 있었던 것 같다. 매우 영리한 장치이다. 이야기란 모름지기 긴장감이 유지되어야 지루함의 바다를 건널 수 있는 것. 긴장감을 촉발하는 데는 뭐니 뭐니 해도 미스터리 스릴러 캐릭터 삽입이 제격이다. 게다가 그런 캐릭터에는 대부분 반전이 반드시 내장되어 있다. 일타 강사의 그림자처럼 움직이며 충실한 보조자 역할을 감당했던 '지동희'는 극의 후반부로 갈수록 그 존재감을 드러내며 주인공들의 갈등과 긴장의 원인으로 작용했고, 잘못된 욕망의 결과물로서의 섬뜩함을 감당해 주었다. 그의 마지막 대사, '이제 그만하고 싶다. 지쳤다. 쉬고 싶다'에는 문장의 길이보다 훨씬 많은 의미를 내포하고 있다.

나는 차라리 지동희의 죽음을 극의 중반부에 배치하고 이후 여주, 남주가 어떻게 그 상황을 극복하고 해결해 나가는지를 보여 주었으면 어땠을까 싶다. 마지막 16회를 보고 실망스러웠다. 물론 이 장르는 명백하게 로맨스이고, 로맨스의 주인공이 학원 강사. 그러니 극의 갈등을 가져올 만한 요소로서 기성세대의 욕망이 배출한 왜곡된 학습의 희생자를 등장시키는 것은 개연성의 측면에서 매우 적절하다. '지동희'는 극에서 충분히 제 역할을 한 것이다. 그러나 지동희의 죽음 이후에도 여전히 또 다른 지동희는 존재하고 있다. 선재의 형과 수아. 그 가족들의 결핍과 탈선과 왜곡. 그럼에도 불구하고 지동희는 죽이고 다른 이들은 살렸다.

살기 척박한 세상에서 드라마의 해피 엔딩은 카타르시스로써 역할을 한다. 16회라는 분량에서 로맨스의 서사는 충분했고 해피 엔딩은 당연한 수순이었다. 시청자들 또한 이런 결말을 바랐을 것이다. 나 또한 해피 엔딩을 바라는 시청자의 한 사람으로서 두 주인공의 로맨스가 해피 엔딩으로 끝나길 바랐다. 그럼에도 불구하고 못내 아쉬운 점이 있는 것은 어쩔 수 없다. 로맨스는 해피 엔딩이라도, '유사 동희'들, 즉 수아나 윤재 등의 인물들에게는 열린 결말이었으면 했다. 성장통을 겪고 있는 청춘으로, 실패와 좌절 가운데 있는 청춘으로 말이다. 이들의 해피 엔딩은 지동희의 죽음을 지나치게 개인적으로 해석하게 만드는 우를 범한다. 실은 유사한 상황이었다. 무한 경쟁 사회에서 부모들의 욕망이 투영되어 살아가는 공부 노예들의 삶. 지동희, 윤재네, 수아네 모두. 그런데 지동희는 자살이라는 새드 엔딩이고 나머지는 해피 엔딩이다. 이 둘의 차이가 무엇이기에 이리도 판이한 결과를 내놓았을까? 지동희의 죽음이 남은 자들에게 반성적 기회를 주었다고 하는 것은 지나친 단순화다.

물론 개인의 윤리적 문제이기도 하다. 같은 상황에서 누구나 일률적인 선택을 하는 것은 아니니까. 그러나 동희의 비극적 선택의 배후에는 거대한 시대적 파도가 있다. 과열 입시 경쟁, 각자도생, 서열의 세계에서 살아남기 등, 아이들이 정신적, 정서적, 육체적으로 건강하지 못하게 만드는 거대한 구조적 흐름이 있다. 동희 한 사람에게 모든 책임을 돌릴 수는 없다는 얘기다. 드라마의 작가가 의도하지는 않았을 테지만, 다른 왜곡된 인물들의 결과를 해피 엔딩으로 만듦으로써 동희의 탈선은 지극히 개인적인 것으로 '암암리'에 고착화되고 만다. 부지불식간에 침투된 사고가 무서운 것이다. 스스로 인식하지 못하는 사이에 뿌리내린 생각들은 문화처럼 깊숙이 침투해 부러 성찰적 사고를 하지 않는 한, 무조건 옳은 것이 되고 만다.

우리는 개인의 죄악과 윤리에 대해서는 엄격한 잣대를 겨누면서,

사회적이고 구조적인 죄악에 대해서는 너무 쉽게 함구하거나 그 안에 함께 매몰된다. 불로 소득이 자랑거리가 되는 세상이다. 하나님은 수고한 대로 거두는 것을 복이라 하셨는데, 우리는 수고하지 않아도 얻는 것을 복이라고 여긴다. 그래서 누구나 불로 소득을 꿈꾼다. 부동산 투자를 해서 쉽게 번 돈을 부끄럽게 생각하지 않는다. 자본이 자본을 재생산하는 것을 와타나베 이타루는 '부패하지 않는 돈'이라 했다.

> 시간에 의한 변화의 섭리로부터 벗어나 있는 것이 하나 더 있다. 돈이다. 돈은 시간이 지나도 흙으로 돌아가지 않는다. '영원히 부패하지 않는다'는 말이다. 부패는커녕 오히려 투자를 통해 얻는 이윤과 대금업을 통해 발생하는 이자로 인해 끝없이 불어나는 성질마저 있다. 바로 이 부패하지 않는 돈이 자본주의의 모순을 낳았다. - 와타나베 이타루, 『시골 빵집에서 자본론을 굽다』(더숲, 2014), 80.

자원과 재화가 부족했을 때 인간은 기술을 발달시켰다. 재화가 풍부해지면 모두가 풍요로울 것이라 기대했지만, 이 예측은 엇나갔다. 풍부해진 재화를 팔아서 거둔 이윤이 노동자의 몫으로 재분배될 줄 알았건만, 또 다시 자본가의 것이 되었을 뿐이었다. 돌고 돌아서 돈이라던데, 선순환을 만들지 못하고 고이기만 하는 돈은 부자의 호주머니만 불리는 형국이니 저자가 말한 그대로 '부패하지 않는 돈'이 되는 것이다. 한 알의 밀이 떨어져 썩어야만 생명은 순환되어 오래오래 살아갈 텐데 말이다.

부패하지 않는 돈을 사랑하는 것은 자본주의의 미덕이다. 우리가 이런 세상에서 살아가고 있다. 그러니 나의 부패하지 않는 돈이 이웃의 고통의 원인이 됨을 의식하는 것은 쉽지 않다. 거대 악의 배후 속에 우리가 함몰되어 있음을 눈치채는 것은 어찌 보면 세상 바보로 살아가기를 촉구하는 일이기도 하겠다. 그리하여 일부러 외면하는 것일 수도 있겠다. 나도 그랬으니까. 아파트 당첨이 나의 헌신에 대한 하나님의 축복이라고 여겼다. 아이들을 엘리트로 키우기를 욕망하면서도, 그 욕망을 하나님께 영광 돌리기 위한 것이라고 스스로를 설득했다. 두 아들이 일찍이 나의 욕망을 채워 주지 않아서 감사할 일이다. 만약 그 녀석들이 나의 욕망을 채워 줄 만큼 유능했더라면 내가 어떤 짓을 저질렀을지 나도 모르겠다.

당연히 그리스도인으로서 세상의 윤리 이상을 살아 내야 하겠지만, 개인의 경건 윤리에 갇힌 신앙에만 머물러 만족할 수 없게 되었다. 개인적으로 주일 성수를 하고, 기도를 하고, 십일조를 철저히 하는 일은 오히려 쉬웠다. 도리어 어려운 것은 거대한 물결로 흐르는 세상의 주류 가치를 거슬러 살아가는 일이다. 이는 다윗이 골리앗을 상대하는 것과 다를 바 아니다. 하물며 이 주류를 거슬러 '새로운 흐름'을 만들어 내고자 하는 것은 감히 나설 일이 아니다. 불가능한 일이다. 필연코 절망이 예상되는 길이다.

루쉰鲁迅은 그의 소설 『고향故乡』에서 이같이 말한다.

我想 : 希望是本无所谓有, 无所谓无的。这正如地上的路 ; 其实地上本没有路, 走的人多了, 也便成了路。(나는 생각한다. 희망은 있다고도 없다고도 할 수 없다. 이것은 지상의 길과 같다. 사실 본래 길은 없다. 걸어가는 사람이 많으면, 그것이 바로 길이다. – 필자 역)

루쉰은 절망에 저항하라고 한다. 희망한다고 해서 반드시 희망이 이루어지는 것은 아니다. 기필코 꽃길이 기다리고 있는 것은 아니다. 도리어 희망하던 길에 낭떠러지가 있을지도 모를 일이다. 더 깊은 절망이 도사리고 있을지 모를 일이다. 그는 절망을 맹목적으로 부정하지 않는다. 도리어 희망 속에 절망이 도사리고 있음을 인식한다. 그의 절망에 대한 인식은 마치 극사실주의처럼 세세하고 정밀하다. 그렇더라도 가지 않을 길은 아니라고 한다.

　희망이 허무하다면 절망 또한 허무하다. 그리하여 다만 우리가 할 수 있는 일은 길을 가는 것이다. 세상의 주류 가치를 거스르는 일이 거대한 파도에 응전하는 일이라 할지라도, 발걸음을 떼는 것은 그 길의 끝을 보고자 함이 아니다. 다만 도상途上의 사람으로 살아가고자 함이다. 희망이나 절망의 가늠자는 결과가 아니다. 나는 도반道伴이었는가, '나를 따르라'고 이끄시는 그분의 길동무였는가, 이 질문을 잃어버릴 수 없기 때문이다.

CHAPTER 2

그래, 이 맛이야! 맛을 위한 시간

집밥

집밥의 사전적 의미는 집에서 만든 밥이다. 중국어로는 찌아창판(家常饭), 집에서 항상 먹는 음식이란 뜻이다. 의미와 글자 안에 특별함이라곤 조금도 없다. 일상적이고 반복적인 음식이 집밥이다. 산소 같은 존재라고나 할까? 없으면 안 되지만 경제적 가치로는 제로인 음식. 그래서 집밥이 그리움을 자극하는가 보다.

집밥 두 글자 적어 놓고 떠오르는 기억을 소환한다. 여름날이면 엄마는 집 앞마당에서 기른 상추와 고추를 따 오셨다. 손수 만든 된장과 고추장으로 쌈장을 만드셨다. 식은 밥 한 덩이를 상추에 싸고 풋고추와 쌈장을 얹어 먹으면 더 이상의 반찬이 필요하지 않았다. 연한 상추 잎 여러 장을 깔고 밥을 싸 먹었다. 때로 멸치볶음을 곁들이기도 했지만, 오로지 풋풋한 야채 향에 감싼 것만으로도 밥은 충분히 맛있었다. 식은 밥 한 덩이와 여린 상추를 함께 아우르는 쌈장은 쌈밥의 화룡점정. 엄마의 쌈장은 특별했다. 마지막 코스로 시원한 냉수 한 사발을 들이켜 입안을 적시고 나면, 여름날의 소나기처럼 개운했다. 녹음이 푸르른 여름날, 오로지 상추쌈 한 끼는 그야말로 제격이다.

나는 가족들 중에 유난히 엄마의 식성을 빼다 박아서 상추쌈 한 끼는 주로 다른 가족들이 없는 틈을 타 이루어지곤 했다. 생각하기에 따라 허름하디 허름한 한 끼를 불평은 고사하고 게걸스럽게 뚝딱 먹어치우는 나를 엄마는 매우 기특해하셨다. 만면에 웃음을 지으며 "너는 나를 닮아 갖고 푸성귀를 좋아한당께"라고 덧붙이는 걸 잊지 않았으니까. 자신을 닮은 자식이기에 그에게 아무리 빈약하고 별것 아닌 점이 있다 할지라도 그라는 존재를 긍정할 수밖에 없다. 그러니까 김동인의 『발가락이 닮았다』라는 소설이 휴머니즘류의 작품이지 않겠는가? 하하. 엄마의 만족스러움에 기여했다는 자부심으로 나 또한 한껏 즐거웠다. 지금에 와 생각하니, 엄마와 나는 상추 쌈밥 한 끼로 깊은 동질감을 주고받았던 것 같다.

새벽이다. 일정한 간격으로 일어나는 소리. 칼이 도마에 닿는 소리다. 다다다다!!!! 그 어떤 알람보다 정겹게 잠을 깨운다. 엄마는 한때 도시락 여덟 개를 싸야 했다. 칠남매인 우리 집은 고등학생, 중학생, 초등학생이 줄줄이 있었다. 그때는 초등학생도 도시락을 쌌다. 오빠들 도시락 두 개씩, 어린 자식들 도시락까지 싸려면 달걀 프라이만 해도 여덟 개였다. 새벽부터 아침상은 물론이거니와 도시락까지 싸야 했다. 엄마의 손이 얼마나 재빨랐는지는 도마 위에서 여지없이 확인되었다. 노곤한 의무이기도 했지만 새 아침을 알리는 희망, 집밥의 힘을 알리는 소리였다.

　나는 엄마가 교회의 구역 식구들을 먹이고, 수련회 때가 되면 백 명이 넘는 식구들을 단체로 먹이는 것을 보며 자랐다. 어느 날 대학부 청년들이 불시에 집을 찾았다. 신년 인사는 핑계고, 기실은 밥을 먹을 요량이었다. 얼추 열 명이 넘는 청년들에게 엄마는 재빠른 손의 재능을 무기 삼아, 꼬르륵 허기진 소리로 막 식욕이 폭발할 즈음, 재깍 집밥을 차려 주었다. 이 정도는 엄마에게 별스런 일도 아니었다. 한 후배는 가지나물을 무척이나 좋아하는데, 마침 그 반찬을 먹고 너무나 감사했다며, 하나님이 자기 맘을 알아주신 것 같다고도 했다. 표고버섯볶음, 김치, 불고기, 고기전 등에 기쁜 안색을 비추며 돌아간 사람들은 분명 집밥이 연결한 인연이다.

　집밥은 엄마가 내게 전수해 준 가장 귀중한 유산이다. 엄마의 밥을 먹고 돌아간 사람들의 표정에서 나는 기쁨을 보았고 만족을 보았다. 음식을 사이에 둔 만남엔 불화와 불평이 사그라들고 슬픔과 근심이 스러진다. 8주 동안 구역 식구들에게 집밥을 지어 준 적이 있다. 8주 동안 한 번도 메뉴가 같았던 적은 없다. 각종 해물을 볶아 간장으로 기본 간을 하고 굴소스로 감칠맛을 낸 후 전분 가루로 농도를 조절해 미끄덩 부드럽게 목을 넘기게 한 해물덮밥과 묵은 김치를 설탕과 참기름에 볶고 각종 야채를 잘게 썬 것을 토핑한 후 마지막에 날치알과 김 가루 얹어 내놓은 돌솥날치알밥은 유독 칭찬을 많이 받은 메뉴다. 국수나무(음식 체인점)의 메뉴를 벤치마킹한 아쿠아돈가스. 채 썬 양배추를 접시 바닥에 깔고, 노릇노릇, 바삭바삭하게 튀긴 돈가스를 얹은 후, 채칼로 길쭉하게 썬 오이와 옆으로 얇게 채 썬 양파를 토핑하고, 마지막에 감자채를 튀겨서 올려놓으면 비주얼 환상이다. 간장과 발사믹을 기본으로 한 소스를 부어 주면 끝장이다. 8주간의 마지막 메뉴로 이 음식을 집에서 만들어 산에 올라가 함께 먹으며 많이 수다하고 많이 웃었더랬다.

그랬다. 나는 그들과 웃고 싶었다. 8주간의 노고를 자청한 것은 기쁨을 누리고자 함이었다. 의무와 당위에 매여 기쁨이라곤 상실해 버린 얼굴들을 보았다. 그리스도인의 얼굴에서 말이다. 얼마 전 가족 예배를 하던 중 짱구가 불평을 제기한다. 하나님이 하지 말라는 게 너무 많다고. 내가 말했다.

"하나님께서 만물을 지으시고 뭐라 하시더냐. 사람을 지으시고 뭐라 하시더냐. 보시기에 좋았더라. 너는 하나님을 너무나 오해하고 있구나. 하나님은 누리시는 분이고, 기쁨의 근원이시란다. 누리지 못하고는 하나님이 하라시는 대로 살 수 없는 거란다. 희생과 봉사 이전에, 의무와 금기 이전에 향유하고 누리게 하시는 분이 하나님이시니 오해를 풀거라."

누림으로 주신 것이 있음을 기억하고자 했다. 집밥이 도구가 돼 주길 바랐다.

2019년 8월 중국에 와서, 9월부터 소주대학 해외 교육원에 다녔다. 중국어를 배우기 위함이었다. 우리 반에는 11개국에서 온 외국인들이 있었고, 나는 무슨 오지랖인지 집밥을 나르기 시작했다. 20명이 넘는 학생들과 함께 먹으려고 김밥을 날랐고, 비빔밥을 날랐다. 어묵국과 떡볶이와 김치를 날랐다. 그들 중에 김치를 싫어하는 이는 하나도 없었고, 사이프러스 출신의 한 친구는 김치 국물까지 들이키며 그릇을 비웠다. 누군가는 사서 고생이라 했을 것이고, 누군가는 유별나다고도 했을 것이다. 그러나 내가 그리스도인이라는 사실을 가장 자연스럽게 알릴 방법, 한국인으로서의 자부심을 표현할 방법도 집밥을 대접하는 것이었다. 이것 외에 별다른 것이 없었다.

한번은 미국인 학생이 생선 요리가 먹고 싶다길래, 집에 초대를 했다. 어색할까 싶어 친구들과 같이 오라 했다. 베트남, 키르키즈스탄, 카자흐스탄, 베트남, 호주 친구들이 도착했다. 그들은 한국인 가

정에 방문했다는 사실 하나만으로도 매우 설레어 했고, 특별히 달걀
말이를 좋아했다. 양껏 배를 불리고 K-팝과 춤으로 한참을 유쾌하게
떠들다 돌아갔다. 나는 곧 그들 사이에서 이모로 불리게 되었다. 집
밥의 추억이다.

나의 집밥을 꽤나 좋아하던 호주 청년이 2020년 신년 메시지를
보냈다.

"너를 만난 것은 내 인생의 행운이다. 너는 미처 깨닫지 못했
겠지만 너는 나에게 많은 것을 가르쳐 주었다. 앞으로 어떻게
인생을 살아야 하는지 너를 통해 배웠다."

최고의 신년 메시지였다. 그 녀석은 아마도 나의 음식을 기억해
줄 것이고, 내가 그리스도인임을 기억할 것이다. 언젠가 절대자의
힘이 필요할 때, 그가 하나님을 부를 수 있다면 나의 집밥은 제 역할
을 다한 것이다. 집밥의 보람이었다.

이 즈음에 시인 정호근의 시, 「어머니의 두레 밥상」이 생각나는
것은 당연하다. 어머니가 펼쳐 놓은 둥그스름한 밥상에서 바삐 움직
이는 숟가락과 젓가락을 움직였던 식구들은 알아차렸을 것이다. 엄

마의 밥상에 앉아 있는 누군들 귀하지 않은 존재가 없었다는 걸. 외딴 존재가 없는 자리. 따로따로가 아닌 자리. 나는 하나님의 샬롬이 바로 어머니의 두레 밥상에서 이루어진다고 생각한다.

영성이란 일상이 반복될 때 피어나는 꽃이다. 사시사철, 희로애락 오욕의 모든 순간에 밥은 반복되고 반복되어 우리 곁에 있다. 어머니의 밥상은 이름을 발하지 않는다. 집밥은 명예를 말하지 않는다. 명분을 밝히지 않는다. 성과를 추구하지 않는다. 다만 여전하게 말할 뿐이다. 너는 오늘도 내가 해 주는 이 밥을 먹어 마땅하다고.

그래, 바로 이 맛이야 1
은근한 단맛과의 밀애, 시금치나물

중국이 아무리 요리의 천국이고 땅덩이가 넓은 만큼 식재료가 풍성하다지만 한국에서 태어나고 자란 나에게는 그 무수한 식재료가 그림의 떡이다. 중국에 있으면서 자주 생각났던 식재료는 시금치, 정확히 말해서 섬초라든가 포항초라 불리는 시금치다. 하늘을 향해 주책없이 커다래지기보다 땅과 가깝게 이파리를 펼치는, 바닷가 근처에서 해풍을 맞고 자란 시금치는 뿌리부터 그 자태가 다르다. 색깔 선명한 뿌리에 짤막한 이파리들이, 작은 고추가 매운 게 당연하다는 듯, 얼마나 달달 상큼한 맛을 내는지, 중국에서 흔하게 보았던 시금치에 비할 바가 아니다.

 끓는 물에 1분, 짧게 데친다. 숨만 살짝 죽여 이파리의 개성이 살아 있을 때 건져 낸다. 발긋발긋 뿌리까지, 한 치의 낭비도 없이 생기롭게 데쳐서 소금 약간, 참기름과 깨만 솔솔 뿌려서 대충 무쳐 낸다. 대충인데 그 단단하기 이를 데 없는 단맛의 유혹을 뿌리칠 수 없다. 나는 대놓고 단 것들에겐 흥미가 없다. 어릴 때부터 특이하게도 초콜릿, 사탕, 아이스크림 등을 싫어했다. 과유불급이란 어휘를 이런 데 사용하는 게 적절할까 싶지만, 넘쳐서 좋을 것 없는 것은 음식 맛에서도 진리이다. 입에 들어가는 순간은 푸성귀 같다가도 씹을수록 더욱 달달해지는 맛, 이런 단맛은 은근하지만 생생하다. 푸성귀 본연의 맛을 가리지 않으면서 조화롭게 내비치는 단맛은 대놓고 나 달아요, 하는 것들과는 차원이 다르다.

 우리 각자는 다르고 고유하지만, 이 고유함이 폭력이 되지 않으려면 타인과의 조화가 중요하다. 조화란 물론 갈등 없음을 뜻하는 건 아니다. 갈등 없이 만들어진 조화는 위선이 되기 쉽다. 갈등은 모서리를 담금질하는 과정이다. 모서리를 갈고 닦은 후, 우리의 고유함은 대놓고 억세지 않을 것이다. "남에게 대접을 받고자 하는 대로 너희도 남을 대접하라"(눅 6:31)는 기독교의 황금률이다. 대놓고 자기만 잘난 사람에게는 이것이 이루어질 수 없다. '나'와 '남'을 제3의 시선으로 바라볼 수 있을 때, 우리는 '나'라는 감옥을 벗어나 연결의 통로를 걸을 수 있다. 나는 그 제3의 시선을 바로 하나님의 마음이라고 하고 싶다. 재능이든 물질이든 그것은 자체로 빛나는 것이라기보다는 연결하기 위한 도구임을 기억하고 싶다. 대놓고 달지 않은 시금치에게서 이런 가능성을 엿보는 것은 지나친 감상일까?

시금치나물 한 접시를 비운다. 서양식 샐러드의 드레싱 소스는 아무래도 화려하거나 자극적이다. 달다. 우리의 나물에는 재료가 가지고 있는 단맛 외에 다른 단맛을 첨가하지 않는다. 그저 단맛을 강화시켜 주는 소금, 그리고 고소함을 더해 주는 참기름을 더할 뿐이다. 샐러드는 뭐니 뭐니 해도 한국식 샐러드, 나물이다. 시금치 1킬로를 사서 시금치나물, 시금치 부침개, 시금치 된장국으로 한국의 맛을 만끽한다. 향기 같은 단맛을 오물오물 씹으면서, CF 한 장면이 떠오르는 것은 어쩔 수가 없다.

"그래, 바로 이 맛이야!"

그래, 바로 이 맛이야 2
수고를 감춘 모습, 고사리나물

　　　　　　　비빔밥 중에서도 산채 비빔밥을 좋아한다. 산에서 나는 푸성귀를 캐다 한동안의 시간을 보내면서 말린 것을 다시 조리하여 밥 위에 올린 나물들. 그 나물들에게서 진동하는 진한 세월의 군내가 좋다. 고사리, 취나물, 곤드레 등의 나물들이 한데 담겨 나오는 한 그릇 비빔밥을 나는 다른 어떤 진수성찬과도 바꾸지 않겠다.

　산채 나물은 특히 말린 후 조리할 때 더 맛있다. 산이라는 장소에서 고단함이 느껴지듯, 아마도 산채는 어쩔 수 없는 상황에서의 마지막 먹거리가 아니었을까 싶다. 보릿고개가 횡행할 때, 먹을 것을 찾아 나서다 미친 곳이 산일 거고, 산을 오르내리는 수고를 하고서야 기어코 찾아낸 먹거리가 산채일 것이다. 먹을 것이 지천에 깔렸더라면 누가 산까지 올라가 나물을 캐겠는가? 약재를 얻을 요량이 아니라면 말이다. 산나물 서리라는 말이 있다니 내가 하는 상상이 그저 허무맹랑한 것은 아니지 싶다. 산나물 서리란 산나물을 어느 집 마당에 한껏 해 주고 그 집에서 보리밥 한 술을 얻었다 해서 나온 말이란다.

생 산채도 그것이려니와 특히 말린 숙채 산나물이 우리에게 익숙한 것을 보면, 이 또한 우리 조상들의 허기를 위한 처방이었지 싶다. 봄이나 가을 한창 때 나물을 많이 캐 두었다가 그 일부를 겨울 한기 때의 먹거리를 위하여 말려 두었을 것이다. 수분을 날려서 건조시켜야 상하지 않고 오래 보관할 수 있었을 테니까. 쉽게 말해 말린 나물이란 우리 조상의 자급자족 구휼 식량이었을 것이다.

고사리는 대표적 산나물 중 하나다. 서구에서는 먹지 않는 식재료다. 심지어 중국도 고사리는 먹지 않는다. 독이 있기 때문이란다. 그래서 중국에 있는 동안 고사리를 구하는 일은 쉽지 않았다. 그네들의 안중에는 전혀 필요 없는 것, 쓸데없는 풀이기 때문이다. 그러나 우리 민족에게는 어찌된 일인지, 임금님에게도 진상하는 식재료였다니, 역시나 궁하면 통한다는 말은 진실이다. 빈곤하니 방법을 생각했을 터이고, 그 방법은 필요하지 않은 이들은 해 보지 않았을 창의적 시도가 되었을 것이다.

명절이면 으레 하게 되는 삼색 나물 중 하나가 바로 고사리나물이다. 흰색 나물로 무나물이나 도라지나물, 푸른색 나물로 시금치나 취나물 등을 한다. 갈색 나물로는 고사리나물을 하는데, 다른 나물로 대체 불가다. 흰색이나 푸른색을 제대로 살려 줄 갈색, 이 색깔을 말린 고사리만큼 발색하는 것은 흔치 않기 때문이다. 말린 고사리의 진한 갈색은 색깔 그대로 햇볕에 그을린 흔적이다. 고사리는 싹이 난 지 오래지 않아 채취해야 먹거리로서 제격이다. 게다가 음지 식물이라서 초록이 동색으로 모여 있는 산에서, 매의 눈이 아니고서는 찾아내기 힘들다. 그리하여 경험자가 초보자보다 수십 배는 더 잘 찾는다. 숨어 있다는 얘기다.

끊어 낼 때만 해도 초록색이던 것이 시간 속에서 햇빛을 받아들이며 갈색으로 변한다. 햇고사리를 삶은 후 햇빛에 말리는 과정을 거치다 보면 고사리의 몸이 품고 있던 수분이 다하면서 갈색이 되어 간다. 그리고 이 과정에서 고사리가 가지고 있던 독소도 사라진다고 한다. 풍미까지 더해진다. 기다림의 시간 동안 햇빛을 품게 되었으니 당연한 일이다.

이미 먹거리로 환생하기 위하여 번거로운 과정을 거쳤지만, 식탁의 요리로 거듭나기 위해서도 고사리는 번거로운 과정을 거친다. 말라 쪼그라든 고사리의 몸체를 풀어 줘야 하기 때문이다. 조리를 위해서는 먼저 물에 담가 두어야 한다. 그래야 쓴맛도 빠진다. 그러나 담근 것만으로는 뻣뻣해진 몸체가 좀처럼 부드러워지지 않는다. 오랜 세월 썩지 않은 채로 자신의 몸을 웅크리며 지나온 시간을 생각하자면 그리 쉽게 풀어질 몸은 아니다. 인내의 시간만큼이나 유들유들해질 시간이 필요한데, 한동안 뭉근한 불에 삶아 내야 야들야들한 고사리의 식감이 살아난다.

조리를 위한 준비의 시간이 이렇게나 수고롭고 오래다. 준비되었다. 먼저 들기름과 다진 마늘과 파를 고사리에 넣고 제대로 손맛을 보여 준다. 양념이 잘 스며들게 조물조물해야 한다. 달군 프라이팬에 다시 한 번 들기름을 두르고 고사리를 볶아 준다. 기호에 따라 들깨를 넣기도 한다. 들깨를 넣을 때는 약간 물기 있게 볶아 주고, 참깨를 넣을 땐 물기 없이 볶아 준다. 좀 더 감칠맛이 있게 하려면 바지락이나 소고기를 넣어 줘도 된다.

말린 후 식재료가 된 것들은 모두 식감으로 그 세월을 나타낸다. 식감이 남다르다. 야들야들 오독오독, 오롯이 기다림과 인내의 시간이 만들어 내는 앙상블이다. 맛은 또한 어떠한가. 풋내는 온 데 간 데 없이 사라졌다. 햇빛을 발효시키면 이런 맛일까. 도저히 무엇이라 단언할 수 없는 맛, 오미五味의 어디에도 속하지 않은 은근한 맛이 입안에 감돈다. 그런데도 자랑이라곤 하나 없는 자태라니. 임금님 상에 올랐다고는 하지만, 도리어 나는 고사리나물을 상에 올릴 때마다 처연한 존재감을 느끼곤 한다. 평생을 밭일에 시달린 윤기 없는 늙은 아낙네의 손가락처럼.

영화榮華라곤 어디 한 군데 찾아볼 수 없는 자태가 어찌나 소박하고 볼썽없는지 말이다. 고사리나물을 만들어 보지 않은 사람은 절대로 알지 못할 것이다. 고사리나물 한 접시가 만들어지기까지 얼마나 많은 시간과 수고가 필요했는지. 그런데도 화려하지 않으니, 눈길이 가지 않는다. 밥상에 놓여 있으나 있는 듯 없는 듯하다. 오직 알아보는 이들만 고사리에게 젓가락을 건넨다. 그리하여 나는 손님을 대접할 때면 자주 고사리나물을 조리한다. 화려하지 않은 모습이 갖고 있는 그 수수함이 좋아서 말이다. 수고가 감추어진 그 모습, 들뜨지 않은 겸손함이 마치 신앙 같아서 말이다. 나는 죽고 뜻은 살아 있는 듯해서 말이다.

고사리나물 한 움큼을 입안에 쓸어 넣는다.

"그래, 바로 이 맛이야!"

탄성은 어쩔 수 없다. 그것은 그대로 내 나라의 맛이며 신앙의 맛이다.

그래, 바로 이 맛이야 3
조선무 예찬

'달큰하다'. 뭐랄까, 대놓고 달지는 않고 은근하게 단맛이 난다는 뜻. 숨겨진 단맛임에는 틀림없으나 여지없이 단맛일 때, 나는 이를 달큰하다고 표현한다. 내 어휘 사전은 이렇다. 혹시나 영어로는 달큰하다를 뭐라고 하는지 찾아보니 'be sweet'이다. 그저 달콤하다는 뜻이겠다. 원어민이 아니라서 이것 말고 다른 어떤 어휘가 있는지는 모르겠다. 중국어로 찾아보았다. 중국어로 달다는 'tian 티엔'이다. 달큰하다는 'tiansisi티엔쓰쓰'라고 알려 준다. 'si'(쓰)란 단어는 실이란 뜻이다. 그래서 뭔가 가느다란 것을 표현할 때 덧붙여 사용하는 글자이기도 하다. 구태여 짜 맞춰 보자면, 단맛이 가느다란 실처럼 느껴진다, 이렇게 분석하면 될까. 그러니까 대놓고 단맛은 아니란 뜻으로 만들어진 게 아닐까 추측해 본다. 그렇다면 그나마 우리말에 가까운 세심한 글자 조합이랄 수 있겠다. 하지만 내가 강조하고 싶은 것은 '은근하다', '숨겨졌다'는 뉘앙스다. 이 느낌에 방점을 찍고 싶다. 숨겨진 듯싶지만 여지없이 단맛일 때, 느낄 수 있는 그런, 마치 보물찾기처럼 희열이 느껴진 달까. 이 느낌을 꼭 적시하고 싶은 것이다.

한 3년 주말 농사꾼이었다. 상추며 여러 잎채소를 수확하고 감자까지 캐고 나면 땅을 다시 한 번 고른다. 겨울 김장을 할 채소를 심기 위해서다. 배추와 무를 심는다. 주말 농사를 하면서 무의 씨가 보석 같은 줄 알았다. 완연한 녹색도 아닌 것이 형광 페인트를 칠해 놓은 듯 반짝반짝거리는데, 마치 보석을 잘게 부숴 놓은 듯하였다. 씨앗을 보고 더욱 무가 좋아졌는지도 모르겠다. 그해 직접 심은 무와 배추로 김장을 담가서 어느 때보다 오랜 세월 두고 먹었다.

중국에는 과일이나 채소나 그 종류가 갖가지다. 땅이 넓으니 당연하다. 토양과 기후가 다양하니까 말이다. 무 종류만도 길쭉한 무, 잘똑한 무, 하얀 무, 녹색 무, 빨간 무, 자색 무 등 가지각색이다. 그럼에도 불구하고 나는 중국에서 조선무만한 맛을 찾지 못했다. 풍요 속에 빈곤이란 이럴 때를 두고 하는 말이다. 종류는 다양한데 내가 찾는 맛이 없으니 말이다. 육질이 물렁거리거나 단맛이 숨겨지다 못해 아예 사라져 내 맛도 니 맛도 아니거나 아니면 아린 맛이거나. 어쩌다 단맛 나는 무가 있더라도, 조선무의 상큼한 단맛이 아니다. 조선족이 경작하는 농장에서 나는 조선무가 있긴 하지만, 쉽게 구할 수 있는 것은 아니었다.

눈을 감고 조선무를 상상해 보라. 일단 색깔부터 단조롭지 않다.

위쪽의 녹색이 점차 그라데이션 되어 하얘지는 색깔에서부터 이 녀석의 맛이 그리 예사롭지 않을 거란 상상을 하게 된다. 말쑥하게 날씬한 몸매라기보다는 토종 한국인 내 다리처럼 뭉뚝한 것이 위화감이라곤 전혀 찾아볼 수 없는 생김새다. 조선무를 볼 때마다 동질감을 느낀다. 내 몸매가 딱 이 녀석 같아서 말이다. 미스코리아처럼 늘씬하지 않다. 미스코리아 대회 기저에 흐르는 관념이 여성성의 상품화, 눈에 보이는 여성성의 계량화의 표상이라 한들, 미스코리아가 될 만한 사람이 세상에 흔한가 말이다. 그러니 그런 사람들 옆에 머물기는 아무래도 편치 않다. 나같이 어디가 허리인지 가늠되지 않고, 종아리가 코끼리의 것인지 하마의 것인지 분간이 안 되는 이들에게 조선무는 딱 맞춤형 위로의 식재료인 것이다.

가을무는 인삼이라는 말이 있다. 그만큼 몸에도 좋다. 기침이나 가래를 해소하는 데 도움이 되고, 기관지나 폐에도 좋다는 얘길 들었다. 혈당이나 염증을 낮추는 데도 효과가 있단다. 무와 배와 도라지를 함께 갈아서 먹으면 기침 감기를 가라앉힌다. 위가 약한 사람에게도 적당한 음식이다. 우리는 보통 김치 하면 배추김치를 떠올리지만 사실 김치로 먼저 담가 먹기 시작한 식재료는 무라고 한다. 무는 삼국 시대에, 배추는 고려 시대에 유입된 식재료라니 말이다. 물론 그때는 고춧가루가 섞인 김치는 아니었다. 고추의 유입은 임진왜란 이후의 일이라 들었다. 그러니까 지금처럼 빨간 김치는 조선 시대 이후에 생겨난 조리법이겠다. 원래는 소금에 절여 오래 보관하며 먹던 것이 김치였다.

오늘의 집밥 주인공 식재료는 조선무다. 중간 부분이 임산부처럼 불뚝한 조선무를 하나 사다가 절반으로 나눈다. 한쪽은 고등어조림의 베이스를 책임져 줄 무이고, 나머지 한쪽은 무 본연의 맛을 살릴 나물용이다. 고등어는 생물로 싱싱한 것을 준비한다. 생선 요리를 할 때는 뭐니 뭐니 해도 비린내 제거가 관건이다. 생선은 싱싱할수록 비린내가 없으니 싱싱한 것을 준비하는 것이 상식 중에 상식이나 여기에 비린내 제거 비법 하나를 공개한다면 고등어의 비늘을 벗겨 내는 것이다. 비린내의 주범이 비늘이란다. 어느 요리 연구가에게 배웠다. 멸치로 육수를 내면 좋겠지만, 멸치 육수가 없어도 무가 감칠맛을 대신해 줄 것이니 멸치 육수가 필수 재료는 아니다. 먼저 넉넉한 물과 함께 무를 끓인다. 육질이 단단한 조선무는 물러지기까지 시간이 좀 걸린다. 아, 무의 육질이 물러진다고 걱정하지 마시라. 육질이 단단한 조선무는 물러졌지만 형태는 해체되지 않은 채 부드러운 식감을 선사할 것이다.

한국인이라면 다 아는 양념인 고추장, 고춧가루, 마늘과 후추, 간장 그리고 설탕 약간을 넣는데, 배 음료가 있으면 설탕 대신 그걸 넣어도 무방하다. 양념은 물에 잘 풀어 절반은 무를 끓일 때 넣어 주고, 나머지 절반은 무가 어지간히 익었을 때, 고등어를 넣은 다음 뿌려 주면 된다. 생선은 본래 오래 익히는 법이 아니다. 그래서 조림용 생선도 미리 간을 살짝 해 두고 조리하면 좋다. 색깔이 발그스레하면 안 된다. 뭐니 뭐니 해도 고추장, 고춧가루가 들어간 음식은 빨그족족, 제대로 빨개야 먹음직스러운 법이다. 자, 되었다. 잘 익은 무 한 조각과 고등어 살 한 점을 크게 떼어 내어 한 숟갈에 먹어 보시라. 미세한 섬유질의 느낌과 은근한 단맛과 조합한 매운맛이 생선의 살점을 감싸며 탄수화물을 부를 것이다. 한국 반찬은 밥을 부르는 게 약점이다. 어찌할꼬.

매운 것이 부담스럽다면 이제 나머지 반쪽으로 무나물을 한다. 채칼은 사용하지 않는다. 천편일률적인 기계적 단순함보다 사람 손이 간 조화로운 변이에 마음이 가기 때문이다. 썰어 둔 무에 소금 밑간을 살짝 한다. 20분 정도만 두어도 되겠다. 무생채처럼 물기를 꼭 짤 필요는 없다. 볶으면서 물기는 날아간다. 들기름이어도 참기름이어도 된다. 나는 들기름을 선호한다. 프라이팬에 들기름을 넉넉히 두르고 볶는다. 물기가 부족할 것 같으면 살짝 물을 더해 줘도 된다. 다진 마늘과 파는 당연한 양념이다. 여기에다 들깨를 가미한다. 들깨가 남은 수분을 책임져 주면서 무의 단맛에 고소한 맛을 입혀 준다. 들깨의 고소함은 땅콩 등 견과류의 고소함과는 별개다. 식재료는 본연의 맛이 옹골진 것도 있지만, 남의 맛을 감싸며 풍미를 더하는 것도 있는데, 들깨가 바로 후자에 속하는 재료다. 들깨가 좋다. 들깨가 약간의 무늬를 만들고, 그대로 햐얀 몸의 무나물이 완성되었다.

하얀 꽃을 보는 듯하다. 칼라일까. 하얀 몸이 주는 느낌 때문에 말끔하면서도 무엇이든 환대할 것 같은 자세, 그 자체로 나에게 교훈이다. 칼라 다섯 송이의 꽃말이 '아무리 봐도 당신만한 여자는 없습니다'라니, 꽃말이 왜 그런지에 대하여 무식한 나로서는 음식의 의미 또한 갖다 붙이기 나름인가 싶어 무나물에 내 맘대로 말을 갖다 붙인다. "아무리 봐도 당신만한 교훈은 없습니다." 하하.

떠나 보니 알겠더라. 흔했던 많은 것들이 내게 얼마나 필요했던 것인지를. 얼마나 나를 풍요롭게 했던가를. 그래서 오늘따라 생각나는 작자 미상의 한시.

하루 종일 봄을 찾아다녔으나 보지 못했네
짚신이 닳도록 먼 산 구름 덮인 곳까지 헤맸네
지쳐 돌아오니 창 앞 매화 향기 미소가 가득

봄은 이미 그 가지에 매달려 있었네

그래, 바로 이 맛이야 4
변주의 귀재, 김밥

내가 어릴 때는 여행은 고사하고 나들이조차 흔하지 않았다. 어린이날이면 아빠의 손을 잡고 사직 공원에서 자장면으로 외식을 하고 전망대에 올라가 시내 구경 한 번 하고 오는 것이 큰 행사였다. 여름철이면 아빠의 휴가에 맞춰 남평 드들강에 가 개헤엄이라도 쳐 보고 오는 것이 유일한 내 어릴 적 여행이었다.

요즘에는 학교 소풍이 그닥 반가울 것이 아니지만, 그때는 봄과 가을에 한 번씩 가는 학교의 소풍날을 얼마나 기다렸는지 모른다. 모처럼의 해방의 날이고, 간만의 자유의 날이었다. 지금에 와 생각해 보면 그리 흥미로울 것도 신선할 것도 없는 소풍이었음에도 말이다. 매년 같은 동선을 따라 걷다가 비슷한 곳에 눌러앉아 똑같은 행사를 했다. 그래서 기억에 남는 풍경이라거나 구경거리는 전혀 없다. 다만 소풍날이면 더 이른 시간에 일어나 재료를 가지런히 준비하여 김밥을 돌돌 말아서 도시락에 담아 주시던 엄마의 손길만이 가장 강렬한 추억이다.

학교 건물 안에서나 소풍을 나온 밖에서나 점심시간을 간절히 기다리기는 매일반이었다. 마침내 시간이 되어 삼삼오오 자리를 잡고 도시락을 꺼내면 각자 싸 온 김밥이 모습을 드러냈다. 김밥 한 알씩 바꿔 먹는 재미가 쏠쏠했다. 이 집 저 집의 집밥을 맛보기 딱 좋았다. 나는 한두 개 바꿔 먹어 보다가 이내 내 김밥 먹기에만 집중했다. 아무래도 나의 김밥이 가장 맛있었다. 김밥 재료야 다들 비슷했으니 그다지 차이가 날 맛도 아니건만 엄마가 싸 주신 김밥은 매번 단연 최고였다. 아이들도 내 김밥이 맛있다고 엄지 척이었으니, 내 입맛에만 특화된 김밥은 아니었나 보다. 내가 엄마가 되어 아이들 김밥을 싸게 되면서 그 옛날 엄마 김밥의 감칠맛이 생각나 비법을 여쭤보았다. 양파가 감칠맛의 근원이었다. 엄마는 양파를 잘게 다져 그것과 함께 밥을 한 번 볶는 과정으로 김밥을 특화시켰다.

　타국에 나가 살다 보면 유독 그리운 내 나라 음식이 있다. 내게는 그 음식이 김밥이었다. 가장 간편하면서도 저렴하게 한 끼를 해결할 수 있었던 메뉴인 만큼 한국에서 흔하게 볼 수 있었던 식당 중 하나가 김밥 집이다. 바깥 용무를 끝내고 저녁 식사 시간이 임박할 즈음, 집으로 귀가하면서 급한 마음에 김밥 몇 줄을 구입해 저녁을 때우곤 했다. 아들들을 데리고 나들이 갈 참이면, 김밥 집에 들러 김밥 몇 줄 챙기는 걸로 나들이의 번거로움을 덜었다. 먹을 것만 덜 챙겨도 일이 줄었으니까 말이다. 그렇다. 김밥은 가장 손에 닿기 쉬운 음식이었고, 내가 가장 많은 특혜를 누리게 해 준 음식이었음이 분명하다.

　그래서 어느덧 김밥에 대한 정의^{情誼}가 생겼던 걸까? 그 허구 많은 그럴싸한 한국 음식들 중에서 유달리 김밥 생각이 잦았으니 말이다. 김과 단무지, 한국식 어묵 등은 중국에서 흔한 음식 재료가 아니다. 한국 마트까지 나가야 구입할 수 있었건만, 주기적인 김밥 생각 때문에 천 리 길(?)을 마다 않고 재료를 구입하여 정기적으로 김밥을 싸 먹었다. 심지어는 나 혼자 먹고자 김밥을 말기도 했으니 김밥이 흔한 내 나라를 떠나 보고서야 김밥과 깊은 정이 들었음을 알게 된 것이다.

　그곳(중국)에서도 김밥은 나들이의 친구가 되어 주었다. 코로나로 멀리 떠나지 못했지만, 겨울에서 봄이 오는 길목, 여름에서 가을이 되는 즈음에 계획 없이 모여 번개 나들이를 할 때, 내가 김밥 당번 맡는 것이 번거롭지 않았다. 가장 기본적인 김밥, 즉 당근과 오이, 햄과 달걀로 만든 김밥을 들고 나가 돗자리를 깔고 누워 나무에 가린 하늘을 바라보자면 말이 필요하지 않았다. 바람에 흔들리며 사각사각 거리는 나뭇잎의 소리는 영락없이 김밥 오물거리는 소리와 맞물려 조화를 이루었다. 잔잔히 흐르는 음악을 배경으로 오물거리는 김밥 먹는 소리에 집중하다 보면, 출입이 자유롭지 못한 답답함, 일상의 의무가 갖다 준 지리함도 어느덧 씻혀 사라진 듯 가벼워지곤 했다. 위로도 격려도 공감도 이미 얻은 시간이었던 것이다.

김밥은 조화로운 음식이다. 주로 들어가는 속 재료는 당근, 오이나 시금치, 햄과 단무지, 그리고 달걀이다. 당근의 달짝지근한 맛과 오이의 상큼한 맛, 고기의 맛 햄과 달걀이 밥과 더불어 까만 김 한 장 속에서 서로를 감싸안으며 화애하는 맛이다. 게다가 영양소를 따져 본다 하여도 부족할 것이 없다. 이런 조화로움은 각자의 재료를 성질에 맞게 선先 처리를 한 결과이다. 육질이 단단한 당근은 기름에 살짝 볶아 야들하게 만들어 준다. 당근에 많이 함유되어 있는 비타민 A나 베타카로틴은 기름에 볶아 주면 흡수율이 더욱 좋아진다고 한다. 오이는 열처리 없이 소금에 약간만 간을 해 둔다. 수분 함유가 많은 오이는 물기를 조금 빼 주어야 시간이 지나도 맛의 변화가 적다. 금방 먹는 것이라면 아삭한 식감을 위하여 그냥 넣어도 좋겠다. 햄은 살짝 볶아서 준비해 둠으로 육류 특유의 냄새를 제거할 수 있다. 단무지는 말해 무엇하나. 새콤한 맛의 화룡점정으로 빼놓을 수 없는 김밥의 주재료 되시겠다.

김밥의 매력은 뭐니 뭐니 해도 변주가 가능하다는 것이다. 속 재료를 얼마든지 바꾸어도 된다. 상추와 불고기를 속 재료로 하면 불고기 김밥이, 양배추와 돈가스를 넣으면 돈가스 김밥이, 참치(통조림)와 깻잎을 넣으면 참치 김밥이 되어 색다른 맛을 선사한다. 연어와 아보카도를 넣으면 연어아보카도 김밥이 될 것이다. 속 재료로 무엇을 넣든지 김밥은 성공이다. 적절한 소스를 만들어 함께 내놓으면 맛은 더욱더 상승한다. 종로 광장 시장의 마약 김밥도 다른 게 아니라 김밥을 찍어 먹는 소스 때문에 붙여진 이름이다. 겨자장에 찍어 먹는 맛이 일품이다. 아무리 먹어도 질리지 않아 마약 김밥이라 하는 것이다.

그러나 김밥에도 한 가지 약점이 있으니 탄수화물을 필연적으로 많이 섭취할 수밖에 없다는 점이다. 이 약점을 보완하기 위한 비법이 있다. 양배추를 볶아 밥에 듬뿍 넣어 함께 비벼 준다. 양배추 대신 양파를 볶아 듬뿍 넣어도 되겠다. 그 옛날 나의 엄마는 양파가 흰쌀에 가려 보이지 않도록 다져 넣었지만, 듬뿍 넣기 위해서는 채 썰어 넣어 주어도 무방하겠다. 단연코 탄수화물 양이 반으로 줄어드는 것은 물론이고, 양배추나 양파가 속을 편안하게 하기 때문에 많이 먹을 수 있는 비결이기도 하다.

마음껏 변주해도 다양한 맛을 뽐내며 추억의 맛까지 정겨움을 선사하는 김밥이라니! 진정 변주의 귀재라 불릴 만하지 않는가. 변주하되 맛을 잃지 않는 음식, 흔하지만 그만큼 정겨운 음식, 김밥을 오물거릴 때면, 아침 아지랑이가 피어오르듯 떠오르는 말씀이 있다.

할 수 있거든 너희로서는 모든 사람으로 더불어 평화하라 _롬 12:18

그래, 바로 이 맛이야 5
우리 집 공신, 약밥

중국어를 배우기 위해 소주대학의 해외 교육원에 다닐 때다. 나는 날마다 한 시간 반씩 두 과목, 총 세 시간의 수업 과정에 참여했다. 한 과목은 회화였고, 다른 한 과목은 어법에 관한 수업이었다. 특히 회화 선생님은 매 수업마다 충실한 준비와 게임으로 재밌는 수업을 이끌어 주었는데, 그것을 잊을 수가 없다. 예를 들어 식사에 대한 회화를 배울 때면, 실제로 마파더우푸(마파두부)라든가 지아오즈(교자), 공바오지딩(궁보계정) 같은 중국 음식을 직접 만들어서 우리가 시식하게 해 주었다. 선생님으로서 성실한 태도의 순위로는 타의 추종을 불허할 만큼 열심으로 우리를 가르쳐 주었다.

중국 음식을 먼저 맛보게 한 라오쓰(laoshi, 선생이라는 뜻)는 우리에게 숙제를 내 주었다. 각자 자신이 가장 좋아하는 음식을 소개하는 발표였다. 음식 사진과 함께 그 음식에 대한 설명 등을 덧붙여 학우들 앞에서 중국어로 발표하는 숙제였다. 회화 선생님이 손수 중국 음식까지 만들어 우리를 먹인 것은 선생으로서의 성실함을 넘어선 어떤 자부심, 중국에 대한 긍지의 표현 같기도 했다. 나는 내가 소개할 음식을 골똘히 생각해 보았다. 뭔가 한국적이면서도 중국 음식 비슷한 것 같지만 까놓고 보면 맛으로는 월등한 그런 음식이 뭘까를 곰곰이 추려 보다가 약밥을 골랐다.

중국은 중추절이면 쫑쯔를 해 먹는데, 그것과 유사하지만 그것보다는 맛이 좋으면서 보기도 좋은 약밥은 선생님의 자부심과 나의 자부심이 대결하기에 매우 적절한 메뉴임이 틀림없었다. 한국 음식 하면 다들 김치찌개나 닭볶음탕, 김밥, 떡볶이와 불고기 등을 떠올리는 교실의 타국인들에게 생소한 이 음식을 소개하는 것이 독보적인 콘텐츠가 될 것이라 확신했다. 나는 평소에도 이런저런 음식을 해서 학우들과 나눠 먹었었기에 이번 음식 소개 발표도 그저 사진과 말로 퉁쳐 버리기엔 아쉽다는 생각이 들었다. 직접 약밥을 만들어서 가지고 갔다. 나는 칠판 앞에 서서 일단 내가 만든 음식의 이름을 소개했다. 그리고 학우들에게 준비해 간 약밥을 한 개씩 나눠 주었다. 물론 라오싀에게도. 한 입 깨물어 시식을 하면서 나의 메뉴 소개, 재료와 레시피, 만드는 방법까지 알려 주었다. 라오식의 칭찬을 받은 것은 물론이거니와 공복의 허기로운 시간을 채우는 데도 제격이었다.

　그 학기에 나는 우등상을 받았다. 1레벨의 학생들만 모여 있는 여섯 개의 반이 있었고, 각 반의 정원이 최소 22명에서 25명이었으니 얼추 150명 중에서 2등을 한 것이다. 나의 이 영예로운(ㅋ) 우등상 수상에는 분명 이 약밥을 현물로 해 간 나의 노고가 한 몫 했을 것이라 확신한다. 아마도 그 수행 점수에서 최고점을 받지 않았을까 추측해 본다.

　약밥은 사실 내게도 그리 흔한 음식이 아니었다. 2017년은 남편 인생 중에서 큰 변고가 찾아온 해다. 독일 발령을 앞두고 의무적으로 했던 건강 검진에서 위암 판정을 받았던 것이다. 아마 그때 남편에게 위암 발병이 없었더라면 우리는 지금 독일에 있었을지도 모른다. 인생이 계획대로 되지 않는 걸 실감하던 한 해였다. 발병 위치가 그다지 좋지 않았다. 위와 식도 사이, 그 길목에서 암 세포가 발병되었으니 암 초기였음에도 수술하기가 매우 곤혹스러운 경우였다. 위를 전부 절제하기에는 너무나 억울한 마음이 들어, 결국은 위 40프로를 절제하고 구멍이 난 위를 절반은 식도와 바로 연결하고 나머지 절반은 소장과 연결하는 수술을 받았다. 초기 암이라는 희망적인 사실과는 반대로 수술 후 상황은 매우 순조롭지 못했다. 원인 모를 염증 수치 때문에 일주일이면 퇴원하던 다른 환자들과 달리 3주 가까이 입원을 해야 했고, 이후의 예후 과정 또한 매우 힘들었다. 식도와 연결한 수술 부위가 상처로 인해 좁아지면서 남편의 음식물 삼키기는 고역스런 과정이 되고 말았다. 소화력을 강화시키기 위한 음식물 잘게 씹어 먹기가 아니라 식도에서 위로 음식물 내려가는 것이 용이하지 않기에 마치 믹서기로 갈듯 잘게 잘게 부수어서 삼켜야만 음식물이 넘어갔다. 일주일 내내 거의 두유로만 연명한 적도 있다. 식도를 좀 넓혀 보고자 마취도 없이 생으로 식도에 관을 넣어 구멍을 넓히는 시술을 두 번이나 받아야 했다. 너무나 고통스러워 다시는 받고 싶지 않은 시술이었단다.

수술 전 85킬로 몸무게. 둘째가라면 서러울 정도로 탐식가였던 남편은 단숨에 65킬로 홀쭉이로 변모해 버렸다. 아이들의 푹신한 쿠션이 되어 주던 뱃살은 유명무실한 공간이 되어 버렸다. 남편의 신체 부위 중에서 내가 가장 좋아하던 도톰한 손까지 앙상하게 말라 버렸다. 한동안 죽으로 끼니를 해결했다. 여튼 두 번의 시술로 상황은 전보다 나아져 평상 식을 먹을 수는 있게 되었으나 여전히 잘게 부수어서 먹지 않으면 이내 목에서 걸리고 마는 일이 잦았다. 가장 곤혹스러울 때는 아침 출근 시간이다. 아침 시간, 촌각을 다투지 않는 여유로운 직장인이 그리 흔한 일은 아닐 터. 남편 또한 매일 출근자 신세로 살면서 여유로운 아침 식사를 누리기란 만만치 않은 일이다. 이때의 비장의 무기, 우리 집 구휼 식량 약밥이다.

약밥의 주재료는 찹쌀이다. 이전에는 쌀을 쪄서 만들어야 하는 다소 번거로운 음식이었지만, 이제는 압력솥 하나면 간단하게 할 수 있는 음식이 되었다. 찹쌀을 30분 이상 불린다. 밥 짓는 물은 대추와 계피를 끓인 물로 준비하면 된다. 여기에 간장과 흑설탕을 더하여 간을 맞추고, 각종 견과류를 듬뿍 넣어 압력솥 버튼만 눌러 주면 비교적 간단하게 완성된다. 완성된 약밥을 먹기 좋게 소분하여 한 개씩 만들어 놓으면 바쁜 출근 시간에도 끼니 걱정 없는 해결 방안이 된다. 한두 개씩 집어 들고 집을 나서면 되니 말이다. 그리고 통근하는 차 안에서 천천히 씹어 먹으면 되는 것이다.

남편은 이 약밥을 아내의 사랑이라고 생각하는 거 같다. 사람들과 모여 식사를 할 때면, 종종 질문을 받곤 한다. 내가 어느덧 제수씨라든가 형수님이라는 호칭에 싸여 남편에게 내가 악처인지, 양처인지를 묻는다. "잘해 줘요?" 남편은 이런 질문을 받을 때면 으레, "잘해 주죠. 약밥도 해 주고"라고 답을 한다. 그러면 사람들은 이상하리만큼 아무런 반론 제기도 없이 수긍하면서 더 이상 질문을 하지 않고

마는데, 정작 듣고 있는 내 마음은 이렇다. "인간아(남편), 그렇게 많은 음식을 해 주었건만 겨우 약밥이냐?"라고.

그래도 어쩔 수 없다. 내가 집을 비워 남편의 끼니를 챙기지 못할 때도 약밥은 늘 남편을 구원하는 구휼 식량이 되어 주었다. 어쩌면 남편에게 가장 빈번하고도 규칙적으로, 그리고 꾸준히 느껴지는 아내의 배려가 약밥이었을 수도 있겠다. 역시나 애정과 배려란 일회성 이벤트보다는 꾸준하고 규칙적인 행동으로 확신할 수 있는 것인가 보다.

음식이란 참으로 묘하다. 입으로 들어가 그저 짧은 순간 미각을 자극하다가 이내 배 속으로 들어가서는 소화되어 한 줌 재로 나와 버리는 이것들이, 어찌 이리도 곳곳에서 기둥처럼 사람의 마음을 부여잡는지. 찰나의 것이건만, 순간의 것으로 끝나지 않고 사람의 마음속에 무언가를 심고 싹 트게 하는 것을 보면, 음식이 주는 수혜가 참으로 크다는 생각을 한다.

신앙을 가진 후 내 삶의 모든 것이 영생으로 연결되어 있다는 깨달음 때문에 나는 가장 행복했다. 내가 내 식구들을 위하여 밥을 짓고, 내 자식이기 때문에 열심히 사랑하고 양육하는 것이지만, 내가

서 있는 그 자리에서 나의 존재는 이미 영생과 연결되어 있다는 생각이 들 때면 내가 하는 일이 아무리 작을지라도 새로운 환기를 하게 된다. 어느 것 하나 허투루 내 인생을 소모시키지 않는 하나님의 사랑이라니, 사랑은 참으로 옳다.

그래, 바로 이 맛이야 6
국수가 먹고 싶다

혹 나이를 묻고 답하는 자리에서 나는 70년대 경제 개발 이전 세대, 60년대의 배고픈 설움을 아는 시대에 태어난 사람이라고, 우스갯소리로 너스레를 떤다. 맞다. 유치한 동기가 숨어 있다. 60년대 생이란 말에 사람들이 "어머, 동안이시네요!"라고 탄성해 주길 바라는 마음. 그래서 한순간만이라도 저물어 가는 인생에 생기를 불어넣어 주고 싶은 마음. 이 마음이 없다고는 못하겠다.

시작부터 나이 타령하는 이유가 있다. 나 어릴 때만 해도 정부는 밀가루 음식을 장려했다. 70년대 경제 개발 때 정부는 '둘만 낳아 잘 기르자'는 선동과 함께 밀가루 음식을 즐겨 먹자는 계몽(?)을 했다. 쌀이 부족했기 때문일 게다. 그때부터인지 언젠가 밀가루는 쌀보다 싼 곡물이 되었고, 우리나라에 분식이라는 새로운 음식 장르를 만들어 내는 데 공헌을 했지 싶다. 특히 국수는 저렴하게 먹을 수 있는 음식으로 몇 년 전까지만 해도 1,500원짜리가 있었으니 말이다. 그래서인지 나는 국수가 태고부터 아주 저렴하고 헐거운 음식이라 생각했었다. 결혼 전까지만 해도, 아빠가 "간단하게 국수나 말아먹자"라고 하시면, 그 말을 곧이곧대로 받아들였다.

그러나 이건 경험하지 않은 자의 오류였다. 만약 남편이 출출한데 간단하게 국수나 해 달라고 하면, 나는 실눈을 비스듬히 뜨면서 원망의 눈총 한번은 쏴 주고 해 줄지도. 그렇다. 국수가 그리 간단한 음식이 아닌 게다. 육수를 내는 데만 족히 30~40분은 걸리는 음식. 조리 과정 또한 결코 간단치 않다. 국수를 삶아야 하고, 일반 국수가 아니라 칼국수라도 할라치면, 반죽과 숙성과 반죽을 미는 작업과 정갈한 칼질로 국수 가닥을 만들어 내야 하는 과정이 필요하다. 게다가 따로 양념장이 필요하고, '보기 좋은 떡이 먹기도 좋다'를 실현하기 위한 고명도 포기할 수 없다. 이 모든 과정을 거치다 보면 두세 시간의 조리 시간이 훌쩍 지나고 만다.

사실 국수는 지금처럼 서민적인 음식이 아니었다고 한다. 우리나라에서는 밀 농사를 하지 않았기에 밀을 구하는 일 자체가 쉽지 않았고, 밀가루를 얻어 내는 일은 더욱 용이하지 않았다. 그래서 귀족들이나 양반가의 혼례나 제례 등의 특별한 날에 국수를 만들어 먹었다고 한다. 길게 뺀 국수 가닥처럼 축하하는 마음도, 추모하는 마음도 길게 가라는 의미로 국수를 내놓았단다. 혹시 임금님의 생일 수라상에 국수가 나왔다면 아마도 그건 임금의 만수무강을 비는 염원이었을 것이다. 여하튼 우리 집은 밀가루의 세계화(?)로 톡톡히 혜택을 받았다고 할 수 있는데, 친정아버지도 그러셨지만, 우리 집 두 녀석들도 국수라면 자다가도 벌떡 일어나는 국수 마니아들, 기본 두 그릇은 앉은 자리에서 물 마시듯 후루룩 먹어 치우는 식충이들이다.

눈이 내린다. 비 오는 날 부침개 생각이 나듯, 눈 오는 날 국수 생각이 난다. 왜일까?

날이 추워지면, 따뜻한 바닥에 눕는 것이 왜 이리도 행복한지! 별게 행복이냐, 혹한을 피할 수 있는, 이 한 몸 누일 아랫목(비록 전기장판이지만) 한쪽 있는 것이 행복일지니. 그런데 이리 만족하다 보면, 이내 부끄러운 마음이 든다. 어디선가는 추위에 떨며 매서운 추위를 원망할 사람들이 있겠구나 싶은 것이다. 행동으로는 아무것도 하지 않으면서 오지랖이다. 춘절이 다가오는 지금, 바깥은 축제처럼 시끌벅적하다. 허공에서 터지는 오색찬란한 불꽃 향연이 시끄럽기 그지 없다. 온 세상이 잔칫집 같다. 그러나 세상이 잔칫집 같아도 불꽃놀이가 숨기지 못하는 짙은 어둠의 한기가 있기 마련. 어디선가 떨고 있을 누군가를 상상하면 내가 누리는 이 만족이 마냥 즐겁지만은 않다.

아이들이 이 추운 날 국수를 먹자고 한다. 이내 일어나서 만사를 제치고 주방에 선다. 얼마 전에 먹다 남은 로스트 치킨에 각종 재료를 넣어 한약을 끓이듯 오래 뭉근하게 끓여 육수를 냈다. 국물 맛이 그야말로 일품이다. 내친 김에 칼국수를 만들었다. 요즘은 대개 칼국수 면을 구입하지만, 집에서 직접 만든 것만큼 쫄깃하지는 않다. 국숫발을 만들고 삶고, 함께할 채소를 다듬고 끓여 국수를 완성했다. 닭살을 고명으로 올렸다. 양념장엔 청양고추를 다져 넣어 칼칼한 맛을 더했다. 뭔가 허전하여, 얼마 전 장에 재워 놓은 연어를 얹어 색감을 더했다. 후루룩후루룩 잘도 먹는다. 국물 맛이 진국이라 감탄하는 입 속으로 국숫발이 미끄러지듯 빨려 들어간다.

이 국수는 특별히 우리 짱구를 위한 위로의 음식이다. 이 녀석의 입시 결과가 생각만큼 좋지 않다. 이 녀석 인생에 그야말로 '어둠이 허기 같은 저녁'이 찾아왔나 싶다. '엄마가 너의 도반으로 있어 줄게. 너와 따뜻한 국수를 먹어 줄게', 속말을 감추고 더운 김 속에 얼굴을 파묻고 국수를 먹었다.

그래, 바로 이 맛이야 7
동지 팥죽의 재해석

엄마가 팔순을 넘어 구순이 되어 가신다. 엄마의 세대는 절기를 지키는 세대답게 엄마는 정월 대보름이면 오곡밥(전라도에서는 오곡밥보다는 팥을 넣고 찰밥을 했다)과 말린 나물 이것저것을 하셨다. 고구마 줄기 말린 것, 토란 말린 것, 취나물 말린 것, 고사리 등등. 달짝지근한 찰밥을 말린 나물을 반찬 삼아 먹던 맛, 남은 나물로 비빔밥을 해 먹던 맛, 이 맛을 아직도 기억한다.

음력설이 다가오면 엄마는 반드시 며칠 전부터 쌀을 담가 두셨다. 그걸 가지고 방앗간에서 방아를 찧어 기다란 쌀떡을 만들어 오셨다. 매년은 아니지만 아빠의 성화에 만두도 만드셨다. 아빠가 황해도 이북 출신이셨기에, 그곳에서는 설이 되면 만두를 먹는다고, 그 고향 맛을 그리워하며 만둣국이 먹고 싶다는 아빠의 말을 지나치지 못했기 때문이다. 방앗간에서 만들어 온 떡은 기다랐다. 너무 말캉거리지도 않고 너무 딱딱하지도 않은 상태, 곧 적당하게 굳었을 때, 엄마와 딸들은 각자의 도마와 칼을 가지고 떡국 떡을 썰었다. 밤이 깊도록 썰었던 기억은 왜곡된 것일까? 힘들었기 때문에? 여튼 설에는 떡만둣국을 해 먹었다. 전라도에서는 떡국의 육수를 닭개장으로 한다.

닭을 뼈째 삶아서 국물을 내고 간장으로 간을 맞춘 육수다. 이것을 잔뜩 해 놓는다. 그러고는 손님이 올 때마다 닭 조각을 넣고, 간장으로 적절하게 간을 맞춘 육수에 떡국을 넣어 재빨리 끓여 낸다. 닭과 집 간장(조선간장)의 조화가 일품이다.

가을 추석에는 반드시 송편을 만드셨다. 전라도식 송편의 소는 깨와 설탕이다. 으깬 깨와 설탕을 적절히 배합해 넣은 송편. 모시 잎을 깔고 찜통에 막 쪄내서 맛을 볼라치면, 깨물었을 때 탁 터지며 흘러나오는 깨의 고소함과 설탕의 달콤함에 춤추듯 나오던 소리, 음~~! 전라도의 맛은 역시나 자극적인 것 같다. 자극이 크면 반응도 큰 법이니까.

그리고 한 해의 마지막 절기인 동짓날, 엄마는 반드시 동지 팥죽을 쑤었다. 팥을 담가 불린 후 푹 삶는다. 팥이 저절로 으깨질 때까지 삶았다. 그때 믹서기가 있었는지 없었는지 기억나지 않지만, 삶은 팥을 체에 걸러 냈던 것은 확실하다. 이전에 해 둘 일이 또 하나 있는데, 찹쌀을 며칠 전부터 담갔다가 물기를 뺀 후 방앗간에 가는 일이다. 지금은 마트에서 간편하게 찹쌀가루를 살 수 있지만, 나 어릴 때만 해도 방앗간 가는 일이 흔했다. 동지에는 방앗간에서 눈처럼 하얀 찹쌀가루를 만들어 왔다. 이때부터 우리는 또 엄마의 주방 보조자가 된다. 새알심을 만드는 일이다. 단순하고 반복적인 일이 지루할 때 즈음, 꾀를 부린다. 새알심을 크게 크게 만들어 버리는 것이다. 그러다 핀잔을 듣기도 했다.

절기들이 실은 농사를 위한 것이었지만, 농부의 자식이 아니었던 나에게 절기는 다른 의미보다도 음식으로 기억이 된다. 그때에 먹었던 음식, 그때가 되면 생각나는 음식이 있다는 것은 기억의 풍요로움이기도 하다. 둘러앉아서 만두를 빚고, 송편을 빚고, 떡을 썰고, 새알심을 만들었던 그때의 분위기. 누가 누가 잘 빚었나 경쟁하면서도 서열이 없이 깔깔거렸던 일. 이런저런 모양으로 장난치던 일. 이 얘기 저 얘기를 하며 가족이 둘러앉아 있던 것만으로도 뭔가 하나가 되었던 것 같은 기분. 그래서인지 나는 '그때에 먹은 음식'이란 기억을 아이들에게 선물하고 싶은 마음이 컸다. 아이들이 수련회에서 돌아오면 내놓는 음식, 어린이날, 결혼기념일에, 성년이 되었을 때, '그때 나는 이런 음식을 먹었지'라는 기억이 아이들에게 있기를 바랐다.

음식이란 기억이다. 기억은 스토리다. 음식을 둘러싼 스토리. 얼마 전 관람한 영화 '3일의 휴가'에서 주인공은 돌아가신 엄마에 대한 죄책감과 그리움으로 엄마가 살던 집에 돌아와 엄마가 하던 식당을 한다. 엄마가 해 주던 맛을 복기하면서 그 맛을 찾아가며 음식을 만들어 판다. 그녀가 가장 그리워했던 음식은 만두. 엄마가 해 주던 색다른 맛의 만두. 그 만두의 레시피를 알아내려고 애를 쓰다가 끝내 그 비법이 '무'라는 사실을 발견하고 희열을 느끼는 장면이 나온다. 그녀에게 만두는 그저 배만 불리는 그런 류의 음식이 아니다. 엄마의 레시피가 담긴 만두를 빚어 먹으며 엄마의 숨결까지 느꼈을 것이다. 사람이 죽으면 사라지는 것이 아니었다. 남은 자의 기억 속에서 살아간다는 사실을 아빠가 돌아가신 이후로 실감했다.

무엇보다 음식을 볼 때 기억이 살아난다. 아빠는 생전에 냉면을 정말 좋아하셨는데, 삼시 세끼 냉면만 먹어도 질리지 않는다고 하셨다. 인스턴트 냉면은 손수 만들어 드셨다. 여름이면 냉장고에 시중에서 파는 냉면 육수와 냉면 면발이 가득했다. 내게 냉면은 아빠에 대한 기억이다. 그리고 엄마가 돌아가시면 인스턴트 냉면에도 당신의 손맛을 가미해 어떤 냉면집보다도 맛있게 한 그릇의 냉면을 내놓으셨던 엄마를 기억할 것이다. 다른 음식들은 말할 것도 없고.

12월의 동지, 동지 팥죽을 먹는 날이다. 사람들은 왜 동짓날 팥죽을 먹었을까? 팥이 귀신을 쫓는다고 믿었다고 한다. 한 해를 마무리하면서 귀신을 쫓고 새해를 온전히 행운으로 만들기 위해서 먹었던 게다. 그런데 팥에는 면역을 증진시키는 사포닌이 있어서, 어린이나 노인이 고뿔에 쉽게 걸리지 않게 했다고 한다. 아이들의 돌에 수수 팥떡을 하는 이유도 팥이 귀신을 쫓는다고 믿었기 때문이라는데, 과학적으로도 틀린 말이 아니다. 팥이 면역력을 높여 주는 음식이었으니까. 아이들 어릴 때, 절기 그림책에서 읽었던 기억이 있다. 조상들의 비과학적 생각들이 사실은 경험에서 얻는 과학적 사고였다고, 조상의 지혜라고 상기시켰다.

현대인으로서, 또 그리스도인으로서 이런 설명들을 의미심장하게 받아들이는 것은 아니지만, 팥죽은 내가 좋아하는 음식이다. 시어머니도 좋아하셨고, 친정 엄마도 좋아하신다. 무릎 연골 수술 후 두 분 모두 우리 집에서 3주 정도 계시면서 요양을 하셨는데, 팥죽을 해 드릴 때마다 한 그릇을 다 비우시고 만족하셨다. 팥죽을 먹을 때마다 돌아가신 시어머니가 생각난다. 역시나 음식은 기억이다.

동지 팥죽의 기억은 우리 아이들에게까지 전승될 것 같다. 중국에서 네 번의 동짓날을 보냈다. 그리고 네 번의 크리스마스를 보냈다. 농부의 딸이 아닌 내가 동짓날을 기념하지는 않았지만, 크리스마스 때는 뭔가 기념할 만한 음식이 필요했다. 그러나 내 집이 아닌 세 들어 사는 집에는 오븐이 없었고, 잠시 머물 타국에서 오븐을 구입할 일도 아니었다. 크리스마스에 쿠키나 빵을 구울 수도 없고, 로스트

치킨을 할 수도 없고, 크리스마스를 기념할 음식 아이디어가 딱히 생각나지 않을 때, 딱 이 팥죽이 생각났다.

예수 그리스도의 탄생일. 그분이 이 땅에 오셨기에 우리에게 은혜와 평화가 임했다. 무엇보다 흘리신 보혈이 있기에 우리의 죄가 씻겼다. 그리고 우리는 새 피조물이 되었다. 죄에 굴복할 수밖에 없던 존재에서 죄를 이기고 평화의 도구로 살아갈 수 있는 존재로 만드신 능력은 예수 그리스도의 보혈이 아니겠나. 주홍같이 붉은 죄가 흰 눈같이 되었다는 건 그분의 피 흘리심 때문이란 것을. 그래서 '보혈을 지나 아버지 품으로 간다'는 그 찬양은 부를 때마다 내 마음을 흔든다.

『모리와 함께한 화요일』에서 모리 교수는 죽음 직전의 날들 속에서도 살아 있는 자들에게 조언을 한다. 자신만의 문화를 만들어 가라고. 이것은 개인적이고 독창적인 문화를 만들라는 요구라기보다, 고립되고 소외된 현대의 문화를 거부하고 공감과 사랑의 문화를 만들어 가라는 조언이었다. 짱구가 성인이 되면 술을 먹어도 되는 것 아니냐고 묻는다. 어릴 때부터 기독교 문화에서 자란 아이이니 술을 먹는 일은 그리 자연스러운 일이 아니다. 아빠도 즐겨 하지 않는 술이 뭔가 종교적으로도 해로울 것 같은 생각이 드니 엄마에게 질문을 한다. 술을 먹으라, 먹지 말라는 답을 하지 않는다. 네가 결정할 일이다만, 그것이 소비적이고 쓸려 가는 문화에 어쩔 수 없이 동승하기 위한 것은 아니었으면 좋겠다고, 도리어 네가 거룩하고 좋은 문화를 만드는 창조자가 되었으면 좋겠다고 답했다. 더 어려운 이야기를 하고 말았다. 그러나 사례가 있지 않은가. 남편이 취업한 회사는 매우 보수적이었다. 남편은 신앙 때문에 술을 즐겨 하지 않았다. 처음에는 힘들었으나, 남편은 그 비난을 평화로 만들었다. 술 취한 사람을 집에 데려다주는 것으로.

우리 집에서 이제 팥죽은 크리스마스 절기 음식이 되었다. 예수님의 보혈을 생각하면서 우리만의 문화를 만들어 가는 날. 그분의 보혈을 의지했기에 한 해를 마무리하고, 또 그분의 보혈을 의지해 새로운 한 해를 살기로 다짐하는 날. 주님의 보혈을 기억하는 날. 마침 주일인 오늘, 우리 집에서 예배를 하며 교회 식구들과 팥죽을 나누었다. 팥죽을 만들기 위해 팥을 고르고 차가운 생수에 팥을 담그던 그때, 뭐랄까, 장독대에 정화수를 떠 놓고 빌던 마음의 그 농도. 물론 이 마음은 알지 못하는 다른 신에게가 아니라 하나님을 향한다. 물 두멍에서 손을 씻는 자처럼, 그 피의 은혜를 기억하기 위하여 준비하는 마음처럼 그렇게 음식을 준비했다.

그래, 바로 이 맛이야 8
동치미의 미덕

내가 살았던 중국 소주에서 한 시간 반 거리에 이싱 죽해^{宜兴竹海}라는 곳이 있다. 대나무밭 하면 우리나라에서는 자연스레 담양을 떠올리지만, 중국 이싱의 대나무밭은 담양과는 비교 불가다. 오죽하면 대나무 '바다'라고 하겠나? 중국 땅의 광대함을 느낄 수 있는 곳이다. 입구에서부터 약 1시간 정도를 천천히 올라가면 죽해를 둘러싸고 있는 세 지역을 한 곳에서 볼 수 있는데, 하염없이 대나무밭이다. 가도 가도 끝이 없는 사막이라는 것처럼, 봐도 봐도 대나무밖에 보이지 않는, 오직 대나무만 있을 것 같은 땅이다.

그곳을 오르는 등산객이 동행하는 친구에게 말하는 것을 얼핏 들었다.

"가도 가도 대나무만 있으니, 등산하는 맛이 없이 심심하네요."

누구라도 그곳의 돌계단을 오르며 끝없이 펼쳐지는 대나무를 보았더라면, 볼 것이라곤 대나무밖에 없다는 것을 경험했더라면, 이 심심함의 의미가 무엇인지 공감할 만하다. 그러나 나는 그래서 좋았다. 단순한 세상에 입성한 그 맛. 지구별의 70억 인구 중에 같은 사람이 하나도 없을 것이니, 많은 숫자만큼이나 이 지구가 얼마나 복잡할지 상상하고도 남음이 있다. 인간사며 세상사가 칡넝쿨처럼 얽히고설킨 것을 부정할 이가 어디에 있을까?

이싱죽해는 바로 이런 복잡함으로부터의 도피성 같았다. 언제까지 이어질지 모르는 대나무. 그저 걸음을 옮길 뿐, 변화라고는 없는 대나무 길이 단순하디 단순해서, 거기서 불어 대는 바람마저 군더더기 없이 맑게 느껴졌다. 대나무에 가려진 길은 어두웠지만, 대나무가 풍겨 내는 공기는 밝았다. 단순함이 주는 휴식, 이싱죽해가 내게 준 선물이었다.

단순해지면 의외로 생각도 명료해진다. 나의 생각이 가장 명료해질 때는 싱크대 앞에 있을 때다. 주방에서는 단순 반복적인 일이 많다. 오늘만 해도, 내일 시골에 내려갈 채비를 하느라, 장조림을 해 가려고 삶아 낸 홍두깨살 2킬로를 한참 결대로 찢어 냈다. 파김치를 담느라 흙을 털어 내고 한동안 파를 다듬었다. 마늘을 한참 까고, 꽈리고추의 꼭지를 따고 구멍 내는 일을 반복적으로 했다. 멸치 고추장무침을 하려고 멸치의 내장을 다듬는 일까지, 단순하고 또 단순한 일을 하고 또 했다. 단순한 일을 반복적으로 하다 보면, 뭉탱이로 모여 있던 생각들이 고리에 꿰지듯 정렬이 되곤 한다. 그래서 부엌에 있을 때 글을 더 잘 쓸 수 있다. 그곳을 떠나고 나면 이미 머릿속에서 사라진다는 것이 문제이긴 하지만.

로이스 엘러트(Lois Ehlert)는 내가 좋아하는 그림책 작가 중 한 사람이다. 『Color Zoo』, 『Fish Eyes』란 그림책 등은 우리나라에도 번역되어 출간되었는데, 나는 그의 작품 중에서도 『In My World』란 제목의 그림책을 가장 좋아한다. 그림책 첫 장에 약 5세 정도의 아이 손에 딱 들어맞을 손이 있다. 손 모양으로 구멍을 내 놓아서, 아이가 그곳에 손을 대면 마치 그 그림책이 아이들의 세상이 될 것만 같다.

색감도 매우 강렬하고 사물 하나하나를 그린 것이 아니라 파냈기 때문에 아이들이 열광한다. 그야말로 아이들 눈높이에 딱 맞추면서 사물 인지와 함께 상상을 자극하는 책이다. 무엇보다 이 그림책의 가장 큰 장점은 동물이나 사물 묘사가 매우 단순하다는 것이다. 단순한 묘사가 매우 쉬울 것 같지만, 어떤 것을 단순하게 표현하자면, 그 대상에 대한 특징을 가장 명확히 알아야 한다. 단순하고자 할수록 더 많이 바라보아야 하고 더 세심하게 들여다보아야 특징을 잡아낼 수 있다. 단순함이 사람을 끄는 이유다.

겨울이면 어김없이 김장과 함께 저장해 두는 음식이 동치미다. 본래 김치란 저장 음식의 일종으로, 지금처럼 고춧가루가 들어간 김치는 임진왜란 이후에 만들어졌다고 한다. 그러니 동치미는 다른 종류보다 더 오래된 김치일 것이다. 식재료가 풍족하지 않을 때, 물과 소금과 무만 가지고 저장해 두었던 음식, 저장 시간을 발효의 맛으로 바꾸어 먹던 음식이다. 동치미는 그야말로 단순함의 극치다. 조리하는 과정부터가 다른 김치와는 비교 불가 단순하다. 먼저 무를 소금에 절인 다음, 육수에 설탕과 소금으로 간만 해 주면 끝. 심지어 김치에 필수라고 할 수 있는 젓갈마저 옵션이다. 넣지 않아도 된다는 말이다. 무와 설탕과 소금이 적절하게 조화를 이루며 발효가 되면, 동치미 국물의 맛은 어떤 음료보다 사람의 마음을 사로잡는다.

어릴 적 김치냉장고가 없던 시절, 동치미는 마당 추운 곳 한쪽 장독에 담아 두었다. 겨울 추위가 매서워 방구석에 묶여 있을 때, 고구마라도 삶아 먹을라치면 동치미가 떠오른다. 살얼음이 살짝 얹힌 동치미 장독에서 국물을 꺼내 와 들이키면, 여름날 냉수와는 색다른 시원함이 내장을 자극한다. 겨울 아랫목에서 웅크리고 이 겨울이 지나기만을 기다리는 마음을 환기시킨다고 할까. 그만 웅크리고 나와 겨울바람을 맞아 보자고 용기를 준 달까. 여름날의 이열치열을 빗대어 이한치한이라 하듯, 동치미 국물의 시원함이 바로 이한치한하자고 부추기는 것 같았던 그 시절의 기억. 그 기억이 주부가 된 내가 여전히 겨울 김장과 함께 동치미를 담그는 이유다.

단순한 재료로 담근 동치미의 맛 또한 단순하기 이를 데 없다. 그러나 그림을 그릴 때에도 단순함은 사물을 가장 섬세하고 정확하게 인식했을 때 그려낼 수 있는 것처럼, 동치미의 단순함은 모든 맛을 살려 주는 역할을 한다. 치킨가스나 돈가스와 함께 먹는 동치미(백김치도 좋다), 소머리 국밥의 고기나 해장국의 소 내장들과 함께 먹는 동치미는 특유의 고기 냄새를 잡아 줄 뿐만 아니라 느끼함을 희석시킨다. 아롱사태 수육을 얇게 썬 동치미 무에 싸 먹는 것 또한 일품이다. 메인 요리 본연의 맛을 누그러뜨리지 않으면서 자기 맛을 더해 풍미를 더하는 것은 동치미의 단순한 맛 때문이다. 배경이 되어 주는 맛, 동치미의 매력이다. 생긴 것, 조리 방식까지 단순하기 이를 데 없는 것이 맛까지 유별나지 않아 모든 음식의 협력자가 되는 것, 동치미의 미덕이다.

그래, 바로 이 맛이야 9
김치 예찬

우리나라 김치가 세계적으로 유명해진 것은 메르스

가 창궐한 즈음일 게다. 우리나라에서 비교적 메르스 감염이 적었던 이유를 김치에게서 찾았던 것인데, 김치의 약발(?)이 증명된 시간이었다. 그리하여 주부에게 김치는 가족 상비 보약일 수도, 위기의 순간 발휘되는 기지의 음식일 수도 있다. 특히 겨울, 아이들이 방학일 때는 더욱 그러하다.

적당하게 익힌 김치만 있으면, 돼지고기 숭덩숭덩 썰어 넣고 김치찌개를 한다. 그것으로 우리 집에서는 고기 건져 먹는 재미로 한 끼를 후딱 먹는다. 김치를 잘게 썰어 파 기름에 볶아 낸 김치볶음밥. 노른자가 살아 있는 달걀프라이에 김 가루를 얹고 참기름 방울방울 떨어뜨리면, 볶은 김치와 달걀의 고소함이 환상 궁합이다.

손을 많이 쓰지 않고 요리하고 싶은 날, 널찍한 궁중 팬에 참기름, 들기름을 넉넉하게 둘러(안 그러면 눌어 붙음) 김치통에서 직행한 김치를 깔고, 갈비(또는 삼겹살이나 목살)를 얹어서 약한 불에 한 시간만 두면, 저절로 지들끼리 조화를 이루어 각자를 보듬는 요리가 되어 있다. 김치에 밴 돼지고기 맛, 돼지고기에 스며든 김치 맛, 이 둘을 조화롭게 묶어 주는 참기름 또는 들기름은 화룡점정이다. 손 안 가는 요린데, 둘이 먹다 하나 죽어도 모를 맛이다.

김치전은 또 어떠한가? 싱싱한 오징어를 잘게 썰어 넣고 파 몽땅에 송송송 썬 김장 김치를 넣어 프라이팬에 노릇노릇, 김치의 붉은색이 노릇한 갈색이 될 때까지 지져 내면, 피자 간식(?)은 저리 가라할 판이다. 그곳에 하얀 백김치가 함께 있다면 금상첨화.

콩나물 국밥을 끓일 때, 멸치와 다시마 육수와 함께 김치를 넣고 푸욱 끓인 다음, 바글바글 끓어오를 즈음, 뚝배기에 콩나물을 넣고 후루룩 끓이면 콩나물만 들어간 국밥보다 훨씬 깊은 맛이 난다. 그 뚝배기에 달걀노른자를 살짝 떨어뜨리고 김 가루 얹으면 아침 허기뿐만 아니라 겨울 냉기까지 해소해 주는 겨울 아침 음식으로 제격이다.

익다 익다 아주 군내가 날 정도로 삭은 김치는 묻어 있는 양념을 덜어 내고 물에 담가 둔다. 흰밥을 적당히 양념하여 베이컨이든지 햄이든지 구워 밥 사이에 넣고, 목욕재계한 김치에 돌돌 말아 내면 양념 묻은 김치와는 별다른 맛. 캬~~!!(소주 들어가는 소리 아님) 죽인다. 김치에 매실청과 참기름 양념을 해서 싸 먹으면 당연히 맛 배가. 좀 있어 보이고 싶으면 말아 놓은 김치 쌈밥 위에 부추나 쪽파를 살짝 올려라. 색감이 살아나는 거를 어찌 상상하지 못하리요. 앗, 군침.

초밥을 군이 생선으로 할 필요가 뭐 있는가? 베이컨 초밥을 한다. 밥 위에 올린 베이컨을 토치로 살짝 만져 준 다음, 그 위에 씻어 둔 김치를 고명으로 올리면 김치가 색감의 주범이 된다. 베이컨을 살려 주는.

내가 중국에 오고서 10개국 이상의 타국인들을 만나 봤는데, 김치를 싫어하는 외국인을 만난 적이 없다. 성경에 나오는 구브로, 그러니까 사이프러스 출신의 한 젊은 청년은 내가 준 김치가 처음 먹어 본 것이라면서도 김치 국물까지 마셔 버리는 이변(?)을 보여 주었다. 일본인 주부들은 하나같이 김치를 배우고 싶다며 우리 집을 방문해서 배워 갔다.

하아, 오늘 만든 갈비 김치찜이 족히 맘에 닿아, 나도 모르게 김치 예찬을 했다. 100킬로 이상 담근 김치가 벌써 3통은 사라졌다. 여기저기 몇 쪽씩 나눠 주다 보니, 시나브로 사라지고 있다.

김치가 사라지는 만큼 세월이 흐르는 걸 느끼겠다. 시간은 지나가나 김치가 닿는 곳에는 한국인의 환대가 머물기를……. 김치는 한국인의 정체성 음식이 아니던가. 김치 생각에 묻혀 있는 붉은 마음이 함께 물들기를…….

김치 생각(2012년에, 김선영 작시)

아홉 가족 먹거리 중

빠질 수 없었던 김치

총각김치, 파김치, 열무김치, 갓김치, 백김치……

두터운 손으로 뒤적거리며

싱거우면 소금 좀 넣어라

짜면 설탕 조금만 넣어라

엄마 손에 고춧가루 꼈으니

깨소금 좀 넣어 주련?

엄마 생각하며 이제

내가 김치를 담는다.

김치라도 있어야 우리 새끼들 밥 묵지

엄마 마음 곱씹으며……

고춧가루엔 넉넉함도 한 대접

새우젓엔 기쁨도 두 국자

쌀죽에는 느긋함 한 줌

깨소금 맛깔나게 솔솔 뿌려

버무리고 빨갛게

버무리고.....

허리 아픈 순희 엄마 한 보시기

다리 아픈 철수 엄마 한 보시기

가슴 아픈 영자 엄마 한 보시기

미안하였네라

어제는 종일

나만 돌보느라 미안하였네라

김 나는 하얀 밥에 김치 한 가닥 올려 배 불리소

이웃 사람이여

내 붉은 가슴도 여기 물들었으니

CHAPTER 3

나를 둘러싼 시간들

기억들

　　　　간혹 어릴 때 부모에게 들었던 잔소리가 성인이 되어 좋은 약이 되었다는 얘기를 듣곤 한다. 어릴 땐 잔소리였지만 커서 생각해 보니 다 인생의 지혜였구나 싶다는 얘기. 그런 말을 들을 때면 나 또한 생각해 본다. 내가 기억하고 있는 부모님의 잔소리. 잔소리라 칭하지만 내 삶의 방향이 되었던 말들. 솔직히 딱히 생각나는 게 없다. 그러나 가슴 깊은 곳으로부터 올라오는 몇 개의 기억들은 있다.

　나는 아이들에게 잘 사과하는 편이다. 완벽한 부모가 되려는 노력을 벌써부터 포기했기 때문이다. 이 굴레로부터 비교적 빨리 포기하게 만든 경험이 있다. 20대 후반, 엄마는 나에게 불신자 의사와 맞선을 보라고 약속을 잡았다. 내 동의는 구하지도 않은 채. 나는 그때 꽤나 열심당원에 자칭 영적이라 생각하는 정체성이 있어서 불신자와 결혼을 전제로 만나는 것조차 매우 옳지 않다 여겼다. 나가지 않겠다고 강력하게 저항했지만 이미 잡아 놓은 약속이니 나가 달라는 간곡한 부탁을 거절하지 못하고 급기야 맞선 자리에 나갔다. 상대도 내가 맘에 든 기색은 아니어서, 그때의 만남은 해프닝으로 끝났다.

의무를 마친 나는 엄마를 공격했다. 엄마가 진짜 내 영혼을 사랑하는 사람이었다면 그런 불신자와 맞선을 보는 자리에 나를 내보내지 않았을 거다. 엄마는 나를 사랑한다고 생각할지 모르지만 육신적인 사랑이지 하나님이 원하는 사랑은 아니라며, 전투적인 마음으로 엄마를 궁지에 몰았다. 나는 당연히 엄마와의 설전을 예상했다.

"니가 인생을 아냐? 고생을 안 해 봐서 그렇지, 고생을 해 봐야 알겠구나!"

나는 엄마에게 이런 말이 나올 것이라고 예상하고 있었다. 그러나 엄마는 뜻밖의 대답을 하셨다.

"그래. 내가 잘못했어야. 니 말이 맞어. 의사라고 한께 앞뒤 재지 않았어야."

반전이 주는 임팩트가 큰 법이다. 하아, 놀랐다. 엄마 입장에서 나는 인생 풋내기에 다름 아니다. 풋내기에게 인생 고수가 잘못했다고 사과를 하다니! 지금 와서 생각해 보면 그저 맞선, 만나나 보는 그 일이 뭐 그리 대수라고 그렇게까지 엄마를 몰아붙일 일일까. 그 당시 나는 고집불통에 어리석기 이를 데 없는 꼴통인 것이 분명하다.

그러나 딸의 어리숙함을 탓하기보다 자신을 성찰했던 엄마. 우리 엄마는 겨우 국민학교를 졸업한 분이다. 분명 기도의 자리에서 당신의 마음을 살펴보지 않았을까, 그곳에서의 성찰이 풋내기의 항변에 단순하고도 순박하게 사과할 수 있는 여유를 갖게 하지 않았을까.

이때의 기억으로 나는 자식에게 사과하는 법을 배웠다. 아이들과 함께한 거의 20여 년 동안 나는 엄마로서도, 한 인간으로서도 아이들에게 적잖이 잘못을 했다. 성숙하지 않은 모습을 여과 없이 보여 준 것이 부지기수다. 욕망을 따라 아이들을 판단한 적도 있고, 나의 결핍을 보상받으려고 아이들을 다그친 적도 있다. 그렇지만 나와 아이들은 관계가 좋다. 사과를 잘한 몫이 있을 것이라 여긴다. 그때의 기억이 나의 양육 시간 동안 지침이 된 것이다.

대학 합격자 명단을 확인하러 올라온 길이었다. 낙방이었다. 아빠와 함께 불합격을 확인하고 고속버스를 타고 내려가는 길. 나란히 앉았다. 나는 아빠의 얼굴을 쳐다볼 수 없어서 고개를 수그릴 대로 수그리고 말없이 손가락만 쥐어뜯었다. 따뜻한 손. 내 손 위로 겹쳐지는 아빠의 손. 아무 말씀이 없으셨다. 그저 내 손을 잡아 주실 뿐이었다. 다혈질의 아빠 모습이 아니었다. 30년도 더 지난 일이지만 나는 그때의 따뜻함을 기억한다. 눈물이 주르르 흘렀다. 이 기억이 있어서 살아가는 동안 때때로 결과로부터 자유로울 수 있었다. 나의 아이들을 키울 때도 적잖이 이 기억을 소환했다. 그럼에도 불구하고 받아들여짐, 이것이 살아갈 힘을 준다는 것을 경험했기 때문이다.

나의 자양분은 바로 이런 기억들에서 비롯되었다. 많지도 않다. 그러나 그 어떤 잔소리보다도 결정적 순간에 결정적인 느낌으로 내 삶의 지표가 된 기억들. 그래서 내내 다시 나를 생각해 본다. 나는 어떤 기억을 유산으로 물려주고 있을까? 아이들은 무얼 기억할까? 아이들의 마음속에 살아 있을 기억들은 무엇일까? 열 마디의 잔소리보다 결정적 순간에 잘 처신할 수 있기를 기도한다. 가장 필요한 순간에 '함께'임을 기억시켜 줄 수 있기를⋯⋯. 그래서 오늘도 입술 밖으로 튀어나오려는 잔소리를 입안에 머금는다. 나는 내 일이나 잘하자고 소곤소곤, 이렇게 글로 소곤소곤거린다.

청춘을 위하여

나는 걷기를 좋아한다. 나는 책 읽기를 좋아한다.

『호수 공원 나무 산책』(김윤용, 이상북스, 2016)의 서문이다. 2016년 출간된 둘째 오빠의 책이다. 오빠는 외모로 보면 나와 닮은 데라곤 한군데도 없는데, 취향이 혈족임을 증명하는 것인지, 저 첫 문장을 읽고 웃음이 픽 나왔다. 어디 외모뿐이랴? 오빠와 나는 같이 산 세월도 짧다. 겨우 1년이나 될까? 아빠는 자주 시골을 전전하며 옮겨 다녀야 하는 경찰 공무원이셨다. 미취학 아동인 나와 남동생은 아빠의 직장을 따라 거처를 옮겨 다녔지만 학교를 다녀야 했던 큰 자식들은 마냥 전학을 다닐 수 없었기에 도시에 나와 따로 살았다. 그 후 막냇동생까지 취학을 하자 온 가족이 모여 살게 되었다. 그러나 이것도 잠시, 대학 진학을 위해 둘째 오빠는 서울로 상경하게 되었고, 이후로 서울에서 직장을 다니고 결혼을 했다. 그래서인지 어쩌다 만나도 서먹하기 짝이 없는데, 그럼에도 뭐랄까, 맘속에 포진한, 거부할 수 없는 동질감이 있다.

김현승의 『한국 현대 시 해설』이란 책 때문일지도 모른다. 이 책은 오빠가 고등학생일 때, 오빠의 책꽂이에 꽂혀 있었다. 시에 대하여 처음으로 내 눈을 뜨게 해 준 책인데, 오빠가 상경하면서 두고 간 이 책을 내가 뽑아 든 것은 중학교 1학년 때였다. 시를 이해하고 싶어서 이 책에 눈길이 머물렀는데, 이 책은 시를 좋아하게 된 결정적 이유가 되었다. 지금도 그 책은 나의 서고에 보물처럼 모셔져 있다. 맨 앞 장에는 구입 날짜인지, 완독한 날짜인지 모를 연월일이 오빠의 필체로 적혀 있다. 나는 이 책을 볼 때마다 오빠에게 시와 책에 대한 일종의 은덕을 느낀다. 간혹 오빠를 만날 때마다 어색함을 넘어선 어떤 향수를 느끼는 것은 오빠도 모르고 있을 그 책이 내 손에 있다는 사실 때문이다.

『호수 공원 나무 산책』은 나무에 대한 이야기이다. 걷다가 나무가 눈에 들어왔고 궁금해졌고, 급기야는 탐구하게 되어 나무에 대하여 알아간 이야기이다. 이 책을 쓸 즈음에 오빠는 현직에서 물러난 백수였다. '우리교육'이라는 출판사의 기자와 편집인을 거쳐 발행인을 해 오면서 꽤 괜찮은 책을 기획하고 출판을 했는데, 그중에서도 『신경림의 시인을 찾아서』는 'MBC 느낌표 책을 읽읍시다'라는 프로에 소개되어 국민 선정 도서가 되기도 했다. 오빠는 이렇게 활발하게 활동을 하다 현직에서 물러난 후 집 근처의 호수 공원을 산책하면서 백수건달 놀이를 한 것 같다. 바삐 달려온 시간들을 뒤로한 휴식의 시간이기도 했겠지만, 한창 일할 수 있는 나이에 여러 생각이 오가는 허무의 시간이기도 했으리라.

내가 사진을 찍으면서 궁금해했던 꽃과 나무들의 이름이 친절하게 설명되어 있다. 조팝나무는 꽃이 조밥처럼 생겨서 조팝나무, 쌀밥(이밥)을 닮아서 이팝나무라 한다. "밥이 하늘이다: 조팝나무 이팝나무"라는 제목을 붙여서 설명한 이 장에서 오빠는 김사인의 「가난은 사람을 늙게 한다」는 시를 덧붙였다.

> 삶은 보리 고두밥이 있었네 / 달라붙던 쉬파리들 있었네 / 한
> 줌 물고 우물거리던 아이도 있었네 / 저녁마다 미주알을 우겨
> 넣던 잿간 / 퍼런 쑥국과 흙내나는 된장 있었네 / (.........) 어른
> 들은 물을 떠서 꼴깍꼴깍 마셨네 / 보릿고개 바가지 바닥 / 봄
> 날의 물그림자가 보석 같았네 / 밤마다 오줌을 쌌네 죽고 싶었
> 네 / 그때 이미 아이는 반은 늙었네 - 『호수 공원 나무 산책』, 53에
> 서 재인용

살구나무는 개를 죽인다고 해서 살구殺狗란다. 박태기는 밥알(밥티)
를 닮았대서 박태기, 나무에 피는 연꽃이라서 목련木蓮, 끝없이 피고
진대서 무궁화無窮花. 이렇듯 이름의 이유를 알려 주기도 특징을 알려
주기도 하면서 나무에 관심을 갖게 한다. 간간히 꽃과 나무를 사랑
했던 이들의 글이 띄워진다.

> 수목이나 관목이나 식물은 대지의 장식이고 옷이다. 눈에 보
> 이는 곳이라곤 오직 돌과 진흙과 모래뿐인 황량한 들판의 경
> 치만큼 쓸쓸한 것은 없다. 그러나 자연에 의해 생명을 부여받
> 고 혼례의 의상을 입고 냇물의 흐름과 지저귀는 새소리에 둘

러싸인 대지는 생기와 흥미와 매력의 조화로 가득찬 광경을 사람들 앞에 펼쳐 보인다. 그것인 이 세상에서 인간의 눈과 마음이 결코 싫증내지 않는 유일한 광경인 것이다. - 장 자크 루소의 『고독한 산보자의 꿈』 중에서.『호수 공원 나무 산책』, 80에서 재인용

역시 오빠와 나는 혈족임이 분명하다. 어쩌면 이리도 취향이 비슷한지. 게다가 취존(취향 존중)하다가 퐁당 빠져드는 취향의 여정까지. 구태의연하지만, '피는 물보다 진하다'라는 말이 그저 인구에 회자되는 것은 아닌가 보다. 회고해 보니 이 취향은 아빠의 것이도 했다. 아빠가 전근을 다닐 때마다 그곳에서 일착으로 했던 일은 지서 부근에 꽃과 관목을 심는 일이었다.

죽은 사람을 진찰할 땐
청진기가 필요 없을 듯하여
나 어느 날
그것을 멀리 던져 버렸네

(중략)

죽음의 말을 들어 온 고단한 삶

눈을 부릅떠야 겨우 들릴까 말까 한

그 소리를 듣다 보니

내 귀는 쇠나팔만큼 커져 갔고

내 가슴은 쉬이익 쉬익 열기구만큼이나

부풀어 오르기도 찌글어 들기도 하였네

이제는 눈 감아도 들리고

꿈속에서도 선연히 보이네

길을 가다가도 문득 문득 뇌리를 스치는

한데서 스러진 가여운 사연들

청진기가 없어도

내 마음의 눈과 귀에

때론 폭풍처럼

때론 뻘밭 세발낙지의 숨소리처럼

그렇게 들리고 보이네

철없는 시詩가 되어

귓전을 맴돌고 있네

『3일간의 진실』(김윤신, 코리아기획, 2014)이란 시집에서 발췌한 「청진기를 버리다」(『3일간의 진실』, 42)라는 시. 셋째 오빠의 시집이다. 오빠는 청소년 시기부터 시를 흠모했다. 오빠가 늘 시를 읽었던 기억, 기타를 치며 대학 가요제의 수상곡을 불렀던 기억이 난다. 그때 들었던 음악이 내 음악 세계의 전부라고 해도 될 만큼 나는 오빠의 기타 치는 소리와 시를 읊조리는 소리를 일상으로 들었다. 셋째 오빠는 특유의 따뜻함과 부드러움을 내장하고 있었다. 사실 아빠부터 우리 가족은 다혈질들이 많다. 그중에 온화함, 오빠의 성품은 단연 큰 장점이었다. 그래서인지 지금도 가족 단톡방에 소식들이 올라올 때마다 가장 따뜻하고 공감적인 댓글로 응답하는 이가 바로 이 셋째 오빠. '들리지 않는데 들으려고 애를 쓰다 보니 귀는 쇠나팔처럼 부풀고 가슴은 열기구처럼 부풀어 오른다'는 오빠의 시어는 체험적 진실임이 분명하다.

오빠는 법의학자다. 의학계의 3D 업종. 산 사람을 만나는 게 아니라 죽은 사람이 진료(?) 대상이다. 세월호 사건, 대구 지하철 화재 사건, 그리고 광주 항쟁 중 고문 피살자의 시신이 시집에 실린 시의 소재가 되기도 했다. 시와 송장이 하늘과 땅만큼 멀 것 같은데, 이 시인의 시 안에서 묘한 일치를 이룬다. 시는 시인에게 도구였던 게 분명하다. 송장을 따뜻하게 대하는 도구.

내가 왜 갑자기 철 지난 오빠들의 책을 꺼내 읽으며 이렇게 추억 놀이를 하는가 싶다. 며칠 전에 남편과 대화를 하던 중, "여보, 나도 때론 감미로운 애정의 언어를 듣고 싶어요"라고 했다. 그런데 이 말 속에 들어 있는 나의 감정이 너무나 담백하고 깨끗하고 명징해서 스스로에게 깜짝 놀랐다. 애걸도 아니고 결핍도 아니고 인정을 원하는 말도 아니었다. 그렇다고 들어 보지 못한 말을 핑계 삼은 원망도 아니었다. 그 말 그대로의 결, 깨끗함과 맑음의 결이었다. 또 내가 물었다.

"당신은 요 근래 나랑 가장 행복했던 때, 아니 가장 기분 좋았던 때가 언제였어?"

나의 갑작스런 질문에 당황한 남편은 그저 답하기 편한 것을 대충 얼버무리며 응답했다. 올해 신년의 춘절 여행이었다고. 내가 말했다.

"나는 저번에 당신이랑 주거니 받거니 대화를 하며 동태호를 산책했을 때야. 그때 참 행복했지!"

어떤 상대적 비교도 없이 그 말 그대로 진실인 것. 환심을 사고자 함도 아니고 기쁨을 조작하려 함도 아니었다. 물론 상대가 나와 같아지기를 바라는 마음도 아니었다. 그 말 속에 담긴 솔직함이 뜻하지 않게 명백하여 내 의식을 환기시켰다.

이렇게나 오물이 없는 자기 긍정이라니! 나는 진짜로 사람이 되어 가는가 보다. 자식새끼들이 기껏 키워 놓으면 지들이 스스로 큰 줄 알 때가 있는데, 나야말로 철이 덜 든 사람처럼 혼자 된 듯이 굴었다. 그런데 이제 와 확인하는 것이다. 나를 만들어 준 수많은 것들에 대한 감사, 의식조차 하지 못했던 것들의 격려를 이제야 의식의 문 앞에 둔다. 어찌 이것들뿐이랴? 상처마저도 내 인생을 지지했다는 걸 어찌 알지 못하리. 내 언어가 이렇게나 담백하고 깔끔한데 말이다. 그 모든 것들이 나를 긍정했다는 걸 알고야 말았다. 그래서 오늘따라 막 피어난 봄꽃처럼 내가 사랑스럽다. 아아, 나는 이제야 청춘을 살 모양이다.

고사장에서

아이를 입시 고사장에 들여보내고 근처 카페에 들어왔다. 삼삼오오 모여서 아이들을 기다리는 엄마들이 수다를 한다. 듣고 싶지 않아도 귀를 타고 들어오는 소리들이 있다. 묘한 이질감을 느낀다. 수험생을 둔 엄마라는 공통분모가 있는데도 말이다. 대학을 보낸다면서 입시생 커뮤니티 하나 없는, 어디서 얻을 정보 하나 없이 온전히 아이의 수고에만 기대 온 것이 좀 지나쳤나 싶다. 물론 1년이라는 시간 동안 입시 전문 학원의 온라인 수업을 들으며 준비했다.

혹시나 내가 할 수 있는 역할을 못해 준 건 아닌가. 기도라도 더 열심히 할 걸 그랬나. 그런데 나는 웬일인지 '탄탄대로를 주소서. 합격하게 해 주소서'라고 기도를 못하겠더라. 그저 하나님의 말씀이 발의 등이 되게 하시고, 그 길의 빛이 되어 주시길 기도하는 것 외에.

조카 입시 때 아침부터 목이 터져라 기도했다. 하루 종일 기도했다. 매 과목 시간 때마다 기도했다. 결과는 나의 기도를 외면했다. 자사고 출신의 조카는 실력만큼 시험을 치르지 못했다. 원하는 대학에 합격하지 못했고, 재수를 한 둘째 조카도 원하는 대학에 입학하지 못했다.

기대할 만했고, 기도도 간절히 했지만 실패를 맛보았다. 마음이 아팠고 아쉬웠다. 그러나 그 녀석들의 지금을 보면, 부모라도 모른다는 것, 그 아이들이 무얼 잘할 수 있고 어떤 길로 인도받을 지 알 수 없다는 것, 최대한 알려고 관찰하고 마음 쓰고 지켜보아도 모르는 것이 훨씬 많다는 것을 알게 될 뿐이다.

큰조카는 지금 활력 공급 직장인이 되었고, 둘째 조카는 특수 교육을 전공하고 있다(현재는 특수 교육 교사로 근무하고 있음). 아주 즐겁고 뿌듯하게 공부하고 있다. 녀석이 공부를 열심히 하는 모습을 지켜봤다.

"너는 특수 아동 중에 특히 관심이 있는 분야가 어디냐?"
"자폐 특수 교육이요."
"어머, 자폐면 가장 힘든 영역 아니니?"
"이모, 그럴 수 있는데요, 내가 자폐 장애인 안으로 들어가면 생각하는 것보다 할 만해요."

녀석의 대답을 듣고, 깜짝 놀랐다. 기특했다. 비자폐인이 자폐 장애를 갖고 있는 이들의 세계로 들어가는 것이 쉬운 일이겠는가? 녀석은 그들을 이해하고자, 아니 이해를 넘어서 '함께 살아가고자' 하는 마음가짐을 가졌다. 자폐인을 나의 세계로 끌어오기를 삼가고, 자신이 그들의 세계로 들어가기를 힘쓰면 된다고 한다. 녀석의 말이다.

그제야 알았다. 좋은 대학에 붙여 달라고 기도했을 때는 몰랐다. 원하는 대학에는 입학하지 못했지만, 아이러니하게도 하나님은 이 녀석을 가장 잘 알고 계셨다. 가장 합당한 전공으로 이 녀석에게 주신 은사를 발견하게 하시고, 이 녀석의 인생을 소명으로 이끄시는 듯하다. 실제로 지금도 장애인 봉사를 하고 있다. 그들 속에서 인기가 많다는 얘길 전해 들었다.

오늘은 고사장 기다림용으로 윤상혁 님의 『사랑으로 길을 내다』(두란노, 2021)를 담아 왔다. 엄마들의 수다 속에서 외톨이처럼 나 혼자 책을 보고 있다. '새롭게 하소서'란 프로그램에서 그분의 간증을 들은 적이 있다. 난독 장애를 가졌음에도 불구하고 의학 공부를 하게 된 간증에서부터 북한에서 평양 의대 교수가 된 여정, 북한에 대한 소명에 순종하여 온 가족이 북한에 거주하며 사역하게 된 여정을 들었다.

간증에는 늘 극적인 면모가 있다. 그러나 극적 전환보다 더 나의 눈길을 끄는 것은 험난함과 연약함이다. 소명에 순종한 여정이지만 그 길에 늘 극적 전환만 있는 게 아니다. 아니, 이런 극적 전환은 수없는 시행착오와 스트레스, 괴로움과 난제들을 위한 고투가 선행되었음을 잊어서는 안 된다. 그렇지 않은가. 매일 마주하는 일상이 그리 극적이던가? 일상은 우리에게 답을 내라 요구하지 않는다. '살아라'고 등을 도닥일 뿐.

우리는 그곳에서 어떤 일을 하겠다는 생각도, 무슨 큰일을 이루겠다는 계획도 없었다. 그저 주님이 우리를 사랑하신 것처럼 그들을 사랑하며 그들과 함께 살아야겠다는 것뿐이었다. -『사랑으로 길을 내다』, 50.

주님이 우리를 어느 곳에 가라고 하실 때는 무엇을 하라는 게 아니다. 그냥 그곳에 있으면 되는 거였다. 하나님은 얼마든지 스스로 일하시는 분이라는 걸 깨달았다. -『사랑으로 길을 내다』, 67.

지난날 똑똑하고 싶었고 남들보다 잘나고 인정받고 싶었지만, 세월이 지나 이제 자신이 갖고 싶은 마음 하나가 있다면 그것은 따뜻한 하나님의 마음이라고 했다. 하나님의 시선은 언제나 프로젝트가 아닌 우리에게 향해 있다. -『사랑으로 길을 내다』, 121.

'함께 살아야겠다', '그곳에 있으면 되는 것이었다', '하나님의 시선은 프로젝트가 아닌 우리에게 향해 있다' 등 책에 쓰인 이런 언어들이 좋다. 물론 극적 변화를 일으키시는 하나님의 역사가 있다. 감탄할 만한 반전이 없는 것이 아니다. 그러나 이런 일들마저 하나님이 인생들과 그 삶에 집중하고 계심, 사랑하고 계심, 인생들이 그 사랑을 알아주기를 바라시기에 일어난 일이다.

하나님의 사랑이라는 포장지로 자기 죄악을 합법화하는 것이 기독교의 문제라고들 하지만, 과연 하나님의 사랑을 진짜로 아는 사람이 얼마나 될까 의구심이 들곤 한다. 어쩌면 기독교의 문제는 하나님의 사랑을 지나치게 조건화시키는 데서 오는 것일 수도 있다. 존재에서 지나치는 것은 거룩한 율법마저도 해가 된다.

큰아이를 키우기 쉽지 않았다. 우스갯소리로 인성으로 선발을 한다면 서울대 갈 실력이라며, 기대에 미치지 못한 성적을 무마하곤 했다. 나는 욕심이 많은 사람이었고, 기대가 크고, 발전적인 걸 선호하는 기질을 가지고 있다. 그런데 실패를 많이 했다. 이런 이들에게 보상 심리가 자리한다. 큰 녀석을 키울 때 내 안의 '보상 심리'를 분별하고자 노력했다. 절대 그런 과오는 범하지 않으리라 들여다보고 또 들여다보았다.

그럼에도 불구하고 기저에 이런 심리가 전혀 작동하지 않았다고 부인할 수는 없겠다. 그래서 고백하건대 자식은 키우는 것이 아니고 자라나는 것이다. 가장 힘들었던 것은 내 안의 헛된 정욕을 직면하고 부인하는 일, 내 욕심이 만들어 놓은 포장지를 벗기는 일이었다.

존재로 충분함을 느끼게 해 주는 일은 이런 헛된 것들이 벗겨져야 제대로 기능하는 법이니까 말이다.

수학 점수 60점을 맞아 와서는 지난달보다 5점이 올랐으므로 잘한 것이라고 시시덕거리는 녀석. 자기 단점을 지적질하는 이라도 그것과는 별개로 상대의 장점을 대단한 양 인정하는 태도, 공동체 내에서 항상 자신이 할 일이 무엇인가 탐색하는 태도 등을 보면, 나와 별개로 잘 큰 것을 인정하지 않을 수 없다. 첫 시험을 앞둔 전날, 갑자기 열이 올랐을 때도 녀석은 신경이 과민해지기는커녕 걱정이 한 짐인 나를 안심시켰다.

"엄마, 나의 앞길을 방해하는 게 있을지라도, 내가 이런 일로
무너질 것은 아니지."

이런 태도를 보일 때, 다시금 고백하게 된다. '내가 키운 것이 아니구나. 세월과 함께, 주님의 돌보심 안에서 자라난 것이구나'를 진심으로 인정할 수밖에 없다.

내려놓는다. 내 역할이 부족했나 싶은 노파심을. 과거를 되돌릴 수도 없고 말이다. 화까지도 복으로 만드시는 주님. 허물과 실수까

지도 선함을 위하여 사용하시는 주님. 화일 것만 같은 시기를 지날 때 견디는 힘, 답이 보이지 않을 때 하루를 살아 낼 힘이 중요하니까. 그리하여 나의 기도는 또다시 나를 향한다.

'어떤 결과라도 아이의 수고를 진심으로 인정하게 하소서!'

어린이날의 묵상

이번에 새롭게 발족한 영성 고전 읽기 독서 모임에는 다양한 다둥이 가족이 많다. 아마 이런 멤버 수준은 우리의 이 모임 외에는 없지 않을까 싶을 만큼, 독신인 분도 있고, 결혼은 했지만 아이가 없는 분을 포함하여 삼둥이, 사둥이, 오둥이, 육둥이까지 다양한 다둥이 가족들이 포진해 있다. 어린이날, 당연히 화제다. 설왕설래하다가 회원 중 한 분이 신기한 정보를 제공하신다. 방정환 선생이 어린이날을 제정한 이후로, 어린이날에는 비가 다섯 번밖에 오지 않았다며 이번 비가 어린이날에 오는 여섯 번째 비라는 것이다.

이제 우리 집에는 어린이가 없다. 그렇지만 어린이날이라서 그런지, 나 또한 우리 아이들이 어렸을 때의 시절들을 반추하며 이런저런 상념에 잠겼다. 나의 큰언니는 싱글로서 현재 개척 목회를 하고 있다. 벌써 20년 가까이 되는 것 같다. 30대에 신학을 해서, 30대 후반부터 50대 초반에 이르기까지 꽤 큰 교회에서 전도사로서 사역을 하다 개척 목회를 시작했다. 여튼 큰언니는 사역자로서의 삶을 꽤 오래 살았다. 싱글로서 말이다.

내가 큰아이 진우를 낳고 얼마 되지 않은 날이었던 것 같다. 진우는 태어나고 거의 한 달간, 낮밤이 바뀌어 밤에는 한잠도 자지 않았다. 백일까지는 친정 엄마의 도움으로 버틸 수 있었지만, 연일 밤새 잠을 자지 않는 아이와 함께 지내기란 만만치 않은 일이다. 언니는 오래 독신 생활을 했기 때문에 한방에서 다른 사람과 함께 자는 일에 익숙하지 않았는데, 웬일인지 그날은 밤새 잠을 자지 않는 조카와 그 조카를 돌보는 여동생과 함께 같은 방에서 잠을 잤다.

큰언니와 함께 밤을 지낸 날, 우리 진우는 정말로 한잠도 자지 않았다. 가슴에 품고 두 손으로 요람처럼 품어 주면 잠깐 눈을 감다가 바닥에 내려놓는 순간 앵하는 울음소리로 엄마인 나를 여지없이 난처하게 만들었다. 큰언니 또한 한숨 자지 못한 것은 말할 것도 없다. 언니에게 무척이나 미안했는데, 언니는 뜻밖의 말을 했다. 언니의 말에 나는 깜짝 놀랐다.

"하나님이 오늘 나를 여기서 자게 하신 이유를 알 것 같다. 어쩌면 너는 밤새 우는 아이를 붙잡고 짜증 한 번을 안 내냐. 이것이 바로 모성인가 보다. 사랑이란 게 이런 것인가 보다. 하나님께서 양들을 대할 때 이런 마음으로 대하라고 말씀하시는 것 같다."

만약 백 일간 친정 엄마의 도움이 없었다면, 나 또한 내 육체의 한계가 가져다주는 고통 때문에 아이를 어떻게 대했을지 모르겠다. 그러나 어쨌든 나는 아이가 무엇을 하든지 참 사랑스러웠다. 울고 웃고, 먹고 싸고, 자는 모든 것이 마치 신세계에 온 것처럼 신선했다. 아이를 향한 애정은 경험해 보지 않은 사람이라면, 상상하기 힘들 수 있다. 이것은 아빠의 사랑과는 또 다른 차원의 어떤 것이지 싶다. 물론 나는 모성을 지나치게 확대 평가하고 싶지 않고, 모성을 강요하고 싶지도 않다. 종교가 그렇듯, 모성의 사랑이 지나치게 강조될 때 누군가는 상처를 받을 수 있고, 누군가는 모성의 그늘을 경험할 수 있기 때문이다. 모성이 참으로 신선한 사랑의 정신이지만, 모성이 절대적인 보편적 사실로서 부정하거나 저항할 수 없는 것이 된다면 다양한 층위나 색깔의 사랑이 희석되는 부작용이 있을 것이다.

그럼에도 불구하고 모성이란 말은 형용할 수 없는 어떤 사랑의 감정인데, 한 생명에 대한 순전한 겸손의 마음인 것 같다. 절대적으로 나를 의존하는 존재에게 권력자의 우월성을 획득하는 것이 아니라 한없이 낮아지는 겸손의 마음을 갖게 된다. 사랑의 마음이 주는 신비라고 하고 싶다. 내가 아이들을 키우면서 중심축에 두었던 것은 아이들이 사랑받아 마땅한 존재라는 사실, 이것을 의심하지 않게 하는 것이었다.

사랑이 큰 만큼 아이를 잘 키우고 싶었다. 아이들에게 좋은 엄마가 되고 싶은 마음이 참으로 컸다. 아이를 위해서 자장가를 수십 개외웠다. 잠드는 데, 특히 밤잠이 드는 데 시간이 꽤나 걸렸던 큰아이를 위해서는 잠이 들 때까지 한 시간이고 두 시간이고, 자장가를 불러 주었다. "자장 자장 우리 아가, 잘도 잔다 우리 아가. 꼬꼬닭아 우지 마라. 우리 아이 잠을 깰라. 멍멍개야 짖지 마라. 우리 아기 잠 잘을 깰라"와 같은 흔하디 흔한 자장가에서 특화된 자장가, 찬송가, 동요, 그리고 유행가를 개사한 것까지 잔잔하고 고요하게 부르면서 잠자는 시간까지 아이와 교감했던 날들. 이제는 모두 다 추억이 되었다. 그러나 지금 내가 이 글을 쓰고 있는 것은 나의 모성이 지극했음을 자랑하고자 함이 아니다. 도리어 나는 왜 이리 엄마라는 역할에 매여 있었을까. 나는 왜 그리도 아이들에게 사랑을 확신시키고 싶었을까. 어느 날, 문득 생겨난 질문이다.

결혼 생활을 하면서 남편을 충격에 빠뜨린 두 번의 반란(?)이 있었다. 그 하나가 육아 중이었을 때다. 남편은 직업상 늘 해외를 돌아다니느라 바빴고, 60년대 태생 남자가 으레 그렇듯 육아에는 전혀 관심이 없었다. 무엇을 도와야 하는지, 아빠의 역할이 구체적으로 무엇인지에 대한 사전 지식이 전혀 없었다. 나는 친정과도 멀리 떨어진 외로운 타향에서 독박 육아를 해야 했다. 그러나 이런 도움이 없는 물리적 상황은 차라리 가벼운 것이었고, 아이를 잘 키우고 싶은 욕망이 풍선처럼 부풀어서 도리어 이 욕망을 스스로 감당하는 것이 어려웠다.

드디어 올 것이 오고야 말았다. 지나친 책임감은 그대로 내게 우울이 되어 찾아왔다. 어느 날, 나는 남편에게 비수에 꽂히는 말들을 퍼부었다.

"내가 지금 어떤 심정인지 아느냐. 저기 11층 베란다에서 뛰어내리고 싶은 심정이다(당시 우리 집은 11층이었다)."

그때 남편의 마음은 마른 하늘에 날벼락을 맞는 기분이었을 것이다. 책임이 이렇듯 큰 우울감으로 덮쳐 왔던 날들을 기억한다. 사랑의 한계를 가진 사람으로서 아이들에게 자신들의 존재에 대한 사랑을 확신시키고자 했던, 게다가 여러 욕망이 가져다준 과유불급의 책임감에 빗댄 내 모습의 초라함과 처절함은 우울의 늪을 지나가기에 충분한 것이었다. 비로소 질문 앞에 섰다.

"너는 왜 아이가 사랑받아 마땅한 존재임을 확신시키고 싶은 게냐?"

이것은 나의 책임감의 근원을 묻는 질문이었고, 왜곡된 책임감 앞에 직면하는 일이었다.

나는 내 존재에 대해 절대적인 사랑을 확신하고 있지 않았다. 다시 말해 나조차도 내 존재에 대한 긍정이 없었다는 뜻이다. 내가 중생의 체험이 없는 그리스도인도 아니고, 하나님 사랑의 체험이 없는 것도 아니고, 실패나 고난을 통과한 적이 없는 것도 아니지만, 당시 내 모습의 현 주소는 이렇게 초라하고 허름했다. 그리고 그 열등감의 모습으로 내 한계를 넘어서는 왜곡된 소망을 품고 있었다.

이 직면을 통해 나의 육아 생활이 조금은 자유로워진 것 같다. 게다가 육아와 양육의 세월은 대부분 허송세월이고 커리어의 단절이라 애달파하는 풍조로부터 자유로운 시절이기도 했다. 눈에 보이는 성과와 성취의 잣대가 크게 내 마음을 좌지우지하지 않았다. 어찌되었든 한계와 약점이 있음에도 불구하고 나와 아이들은 성장할 것이라는 여유를 가진 계기였다. 그래서 나는 지금도 그때의 시절들을 생각하면 '행복'이라는 말이 떠오른다. 아이들을 짐이라 생각하지 않았다. 육아가 적성이라는 말을 어느 때는 내심 "나는 능력이 없어요"라는 말의 다른 표현이라 생각한 적도 있었다. 그러나 지금 나는 육아가 적성이었다는 말을 자랑스럽게 한다.

그렇다고 이후로 모든 것에 달관한 양, 아이들을 키우는 고통과 아픔이 없었다는 말은 아니다. 아이들이 자라가면서 그 사람만큼 또 다른 고민과 번민을 갖다주었고, 이것들은 오롯이 고통이 되어 아프게 했다. 그러나 우울이 되어 나를 짓누르지는 않는다. 그리하여 나는 많이 자유롭다.

내일은 어버이날

중국에서 한국으로 거처를 옮길 때만 해도 매달 한 번씩 엄마를 만나러 갈 요량이었다. 처음엔 2주에 한 번씩 한 달에 두 번은 가야지 싶었다가 도저히 실천을 못할 것 같아서 월 1회로 줄인 건데, 결국 4월에는 엄마를 뵈러 내려가지 못했다.

내일은 어버이날, 아빠가 안 계신 어버이날을 한국에서 처음 맞는다. 아빠는 다혈질이셨지만, 그런 당신의 성정을 잘 아셔서 내가 기억하는 한 평생 자식들에게 매를 들지는 않으셨다. 이것은 아빠의 원칙이었다. 아빠가 예수를 영접하시기 전, 아주 어릴 때 아빠와 엄마는 간간히 부부 싸움을 하셨는데, 한번 화가 나면, 적잖이 어려운 상황이 벌어졌다. 대부분은 아빠가 이런 상태가 되기 전에 엄마가 기를 죽이셨지만, 엄마도 끝내 아빠와 맞서는 날엔, 집안의 가재도구들이 날아다니는 상황이 발생하기도 했다. (그렇다고 잦은 일은 아니었다.) 어린 나는 공포보다는 불안에 휩싸여 엄마와 아빠 사이에 껴서 싸움을 말리면서 울었던 기억이 아련하다. 아빠는 이런 불같은 당신의 성품을 아셨기에 자식들에게 매라고는 아예 손에 잡아 보지도 않으셨다.

　아빠는 6.25 참전 용사셨는데, 지금에 와 생각하면, 불같은 성정은 본래 타고났다기보다는 전쟁을 겪은 사람들이 가질 수밖에 없었던 어떤 트라우마가 아니었을까 싶다. 그럼에도 불구하고 자식들에게 손찌검이나 매로 분풀이를 하지 않았다는 것을 볼 때, 아빠는 자신을 굉장히 잘 제어하셨던 분인 것 같다. 그러나 아빠의 이런 불문율을 깬 자식이 있으니 바로 나다. 막내딸인 내가 아빠에게 우산으로 맞을 뻔한 적이 있었는데, 학교에 내는 월사금 때문이었다. 나 때만 해도 중학교는 의무 교육이 아니라서 분기별로 학비를 냈어야 했는데, 그걸 납부하지 못해 선생님께 지적을 당했고, 그 수치스러운 경험으로 아빠에게 돈을 달라고 생떼를 썼다. 월사금을 주지 않으면 등교하지 않겠다며 고집을 부렸다. 아빠는 돈이 없으니 선생님께 며칠만 더 기다려 달라 말씀드리라 했건만, 나는 그럴 수가 없었다. 수치스러움이 머리까지 차올라, 그런 말을 한다는 거 자체가 나를 비굴의 구렁텅이로 몰아넣는 일이었다. 아빠가 아무리 사정을 해도 내가 말을 듣지 않자, 아빠는 화가 난 나머지 주변에 있던 우산을 들어 나를 때리려다 이내 털썩 주저앉아 버리고 말았다. 나는 어쩔 수 없이 울며 겨자 먹기로 등교를 했고, 담임 선생님께 또 불려 나갈까 봐 몹시 걱정을 했는데, 다행히도 이런 일은 다시 일어나지 않았다. 비로소 나는 나를 때리려다 털썩 주저앉은 아빠의 모습이 너무 가엾게 느껴졌다. 하교 후 아빠를 기다렸다가 용서를 빌었다. 고집을 부려 잘못했노라고, 아빠의 마음을 아프게 해서 죄송하다고. 너무나 죄송해서 엉엉 울었다. 괜찮다며 아빠도 우셨던 기억이 난다.

　예수님을 영접하기 전 이따금씩 술을 먹고 들어오시는 날엔, 평소보다 말씀을 많이 하셨다. 일종의 술버릇처럼 북한의 고향 얘기를 해 주셨고, 장에 탈이 나 평양중학교 시험에서 낙방을 했던 이야기, 어떻게 삼 형제만(본래 사 형제) 남하하게 되었는지, 이산가족이 된

사정, 그리고 할아버지와 할머니, 고향에 대한 그리움을 풀어내시곤 했다. 마지막 레퍼토리는 황해도 율계면 신평리가 본래 우리의 본적이라며 아빠 생전에 통일이 되지 않으면 그 주소를 반드시 기억했다가 아빠의 고향을 찾아 달라는 부탁의 말씀이었다.

  신앙을 이유로 술을 끊으시고는 이런 아빠의 주사는 사라졌고, 나는 더 이상 아빠의 고향 얘기를 들을 수 없었다. 아빠가 나에게 물려준 유산 중 하나는 국민학교 입학 선물로 한국 위인 전기 50권 세트를 구입해 주신 것이다. 강감찬, 을지문덕, 유관순, 황희, 세종대왕, 등등 위인들의 이야기 책. 이 책은 실은 초등학교 6학년 수준의 책들이었지만 아빠의 선물이라는 뿌듯함 때문에 끈기를 갖고 읽었다. 한 권당 읽는 데 일주일은 걸렸던 것 같다. 나는 이 책들을 여전히 아빠의 사랑으로 기억하고 있지만, 위인전을 너무 이른 시기에 읽는 것은 썩 이롭지 않다. 당시의 위인전은 그들의 업적을 찬양하는 데 치중되어 있었기에 어린 나이에 나도 모르게 이상적인 인간상에 대한 높은 기준이 생겨나 현실과 이상 사이의 갭 때문에 번민이 있었던 것 같다. 그때는 문학책을 사 주셨어야 했는데 말이다. 당시는 아빠의 잦은 전근으로 언니 오빠들의 책을 접하지 못했기에 내가 읽을 수 있는 유일한 책이었다.

아빠는 책을 즐겨 읽으셨는데 다방면의 독서를 하시지는 않았고, 한국의 역사와 역사 소설을 즐겨 읽으셨다. 시골에서 지서장을 하는 경찰 공무원이셨는데, 나 어릴 때만 해도 시골 동네에서 지서장은 일종의 유지였다. 새로 발령받는 임지에서 아빠가 제일 먼저 하셨던 일은 지서 주변과 관사 주변에 작은 관목을 심고, 화단을 가꾸는 일이었다. 지금도 그 나무들과 꽃들이 기억난다. 우리가 사는 관사는 지서의 바로 위쪽 언덕배기에서 매우 가까운 곳에 있어서 심심할 때면 지서를 들락거렸고, 점심시간이면 아빠가 책상에서 책을 읽으셨던 모습을 보곤 했다.

아빠는 일곱 자식들의 각각의 적성에 대해서 관심이 많았고 나름 관찰을 하셨던 듯하다. 자식들이 현실적이면서도 적성에 맞는 직업을 갖도록 이런저런 고민을 하셨던 듯싶다. 모든 자식이 아빠의 소망대로 된 것은 아니지만, 그 쪼들리는 살림에 둘째 언니에게 피아노를 사 주신 일이나 나를 서예 학원에 보내 주신 일 등 아빠는 자식들에게 제자리를 찾아 주려고 애쓰신 것이 분명하다.

내가 중학교 3학년 때 아빠는 퇴직을 하셨다. 위로 셋째 오빠가 의대를 다니고 있었고, 고등학생 언니, 그리고 남동생까지 아직 창창히 가르쳐야 할 자식들이 있었건만, 생업을 잃는다는 건 정말 꿩

장한 불안이고 걱정거리였다. 그때 아빠는 나에게 대통령에게 호소문을 써 보지 않겠냐고 부탁하셨다. 사실 아빠의 연세는 본래보다 세 살 많게 호적 등록이 되었기 때문에 본래의 나이를 찾고, 제 나이에 퇴직할 수 있도록 선처를 구하는 그런 호소글을 써 달라고 하셨다. 나는 그런 호소가 너무나 비굴하고 자존심 상하여 절대 쓸 수 없다고 고집을 부려서 결국 이 일은 유야무야되고 말았다.

지금의 내 나이에 아빠는 퇴직을 하셨다. 아직 가르칠 자식이 넷인데다 먹고살 일이 아득한 지경이 된 것이다. 아빠는 퇴직금을 연금으로 받을 것이냐 일시로 받을 것이냐 고민하시다가 결국 연금 몇 푼으로는 자식들 학비를 감당할 수 없기에 일시로 받아서 수퍼마켓을 개업하셨다. 장사는 그야말로 아빠의 성정과 적성에 가장 맞지 않는 일이었다. 결국 한 3년을 하시다가 그만두셨던 것 같고, 이후로 대서소를 좀 하시다가 엄마가 분식 가게를 차려서 엄마를 돕는 처지가 되셨다. 엄마의 음식 장사로 나는 대학을 다닐 수 있었다.

삶의 곱이곱이를 넘기신 것은 물론이고, 내가 지금에 와 부모님을 가장 위대하게 생각하는 것은 '자식의 실패를 어떤 맘으로 견디셨을까', '그 아프고 걱정스러운 마음을 어떻게 감당하셨는가'이다. 내가 부모가 되어 보니, 이 일이 가장 어렵다는 걸 알겠다. 나는 대학도 떨어져 보았고, 교사가 되기 위한 임용 시험에도 낙방하였다. 우리 집에서 가장 못난 자식이다. 이런 나를 나의 부모님은 어떤 마음으로 지켜보셨을까. 늦게까지 결혼하지 않고 혼기를 놓쳤을 때, 나의 부모님은 그 걱정과 불안을 어떻게 감당하셨을까. 이 마음이 결단코 쉽지 않다는 걸 알게 된 지금, 다시 한 번 내가 부모님의 마음에 대못을 박은 것 같은 불효를 느낀다. 그래도 결혼하여 안부 전화를 드리면 "내 사랑 선영이"라며 전화를 받으시던 그 목소리가 선하다.

내일은 엄마랑 맛난 거 먹고, 엄마 살아온 얘기를 한껏 들어 드리고 와야겠다. 엄마의 인생 또한 줄줄이 사연이 한참인데, 참으로 미숙한 나를 받아들이고 수용한다는 것은, 결국 나의 근원, 부모님의 약점과 허물도 받아들이는 일이다. 예전에는 내가 듣고 싶지 않은 얘기는 꺼내는 것조차 싫었다. 이제 나는 어떤 얘기든 엄마를 들어 줄 수 있고, 혹시나 그 얘기가 자랑스럽지 않더라도 엄마의 인생을 무조건 긍정할 수 있다. "엄마, 엄마는 잘 살아왔고, 후회든 자랑이든 엄마의 인생은 칭찬받아 마땅하다"라고 나는 이렇게, 언제나 이렇게 말씀드릴 것이다. 중국에 있을 때 아빠가 소천하시는 바람에 아빠에게 이 말씀을 못해 드린 것이 몹시 후회스럽다.

일제 강점기와 한국 전쟁, 역사의 소용돌이를 살아 내셨을 뿐만 아니라 먹고사는 일이 궁색해지는 그 처지에서도 끝까지 자식들을 길러 내신 나의 부모님, 그분들께 존경의 마음을 드리며, 역시나 곤궁할 때마다 살 길을 열어 살아갈 수 있도록 해 주신 하나님의 은혜가 너무나도 감사하다.

길들여지기

　　　　어제 손님들은 다섯 시에 돌아가셨고, 저녁에는 22년 성경 공부의 예비 모임이 있었다. 밤이 늦은 시간, 혼자만의 시간이 부족했던 나는 쉽게 잠이 들지 못했다. 오늘 아침 일어나기가 매우 힘들었다. 남편의 아침 식사를 챙겨 주러 일어났는데, 아뿔사, 이미 6시 30분이다. 늦었다. 바로 차려 낸다 할지라도 밥 먹을 시간이 없이 출근해야 한다. 나는 "뭐 먹을 거야?"라고 물었지만, 내심은 "더 자, 괜찮아"라는 답을 바랐다. 마침 남편이 "아침 생각이 없네. 내가 알아서 먹고 갈게!"라고 하며 내 방의 불을 꺼 주고 나간다.

그래도 미안한 마음에 여전히 이불 속에서 "여보, 뭐라도 먹었어?"라고 물었지만, 남편은 "응, 두유 하나 챙겨 갈게!"라고 대답한다. 나는 잠시나마 일으켰던 몸을 다시 벌러덩 침대에 눕히고 이불 속으로 기어 들어갔다. 30분 정도 이불 속의 온기를 더 느끼다가 아이들 아침을 챙겨 주러 나왔다. 아하! 애들 학교 안 가는구나! 어제 갑자기 학교 건물에 이상이 생겨서 보수를 할 때까지 등교가 중단되었다. 오늘은 재량 휴업일로 쉬고, 내일부터 며칠간 온라인 수업을 한다는 공지를 받았다. 아이들도 오랜만에 늦잠을 자게 둬야겠다고 마음먹고, 나의 자리로 돌아왔다. 하얀 데스크형 테이블. 기도를 하고 책을 읽고, 화상 모임을 하는 내 자리.

차분히 내 자리에 앉고 보니, 갑작스레 남편이 안쓰럽다. 더구나 춥디 추운 날, 아내의 눈길 한번 받지 못하고 출근을 했으니 말이다. 남편에게 톡을 보냈다.

"아침에 따스한 아내 미소도 못 보고 나가서 서운했겠네."

추위를 가릴 수 없는 날씨, 어쩔 수 없이 감당해야 하는 추위 속에서 한마디의 말과 표정, 눈빛이 체감 온도를 높일 수도 있는 법이니까. 그래서 추운 날씨에는 현관까지라도 나가서, 그의 모습이 온전히 사라질 때까지 기다리다 들어온다. 안쓰럽고 짠한 마음의 온기가 그를 지지하고 있음을 그가 알아챌 거라 여기면서. 그런데 내가 이불 속에서 잠 좀 더 자겠다고 이 낯 뜨거운 일을 못하게 되어 진짜 낯이 뜨거운 것이다. 그러나 이 모든 정서는 내 마음의 성향일 뿐이고,

남편이 진짜 바라는 아내상은 아닐 수 있겠다.

　남편이 가장 바라는 아내상은 무엇이었을까? 남편은 타고난 부지
런함에 오랜 자취 생활에서 체득한 숙련된 살림 솜씨까지 있어서 만
약 독신으로 살았어도 별 생활의 불편 없이 지냈을 것이다. 그러니
까 나는 남편의 이상적인 아내가 아닐 수도 있다. 이것을 일찍이 간
파한 내가 물었다.

> "당신에게는 살림 잘하는 여자보다 돈 잘 버는 여자가 더 맞았
> 을 건데. 살아 보니 당신은 집에서 살림하고 내가 밖에서 돈 벌
> 어 오면 잘 살았을 사람이야. 그렇지 않아?"

　부정하지 않았다. 이럴 때는 부정을 해 줘야 하는데, 바보 같은 남
편이다. 지금껏 이렇게 살았다. 있어도 되고 없어도 되는 존재감으
로. 슬픔이란 바로 이런 것이다. 무존재감.

　시간이 걸렸다. 이걸 그의 문제가 아닌 내 문제로 직면하고 극복
하기까지. 어딜 가나 존재감이 드러나야 했던 여자와 어딜 가나 존
재감을 드러내고 싶지 않던 남자가 만났다. 엉킬 수밖에. 엉키는 곳
이 옹이다. 상처의 흔적이 있는 곳. 엉켜 있는 곳에서 슬픔이 떨어져

슬퍼하고 슬퍼하다 슬픔의 끝에서 그를 받아들였다. 나의 존재는 남편이 확인시켜 줄 수 있는 것이 아니었다. 그의 본성과 나의 평가를 구분 짓는 데는 세월이 좀 필요했다. 그의 본성을 내 결핍의 안경으로 해석하는 안경을 벗기까지 내적 싸움이 있었다.

시부모님을 섬기는 일에 대해서는 기대에 미치지 못했다(물론 말주변이 없었던 남편의 말실수였지만)는 평가를 들었다. 남편의 진의는 '나는 너에게 기대가 컸다'라는 표현이었다. 마을 교육 공동체를 열심히 운영하는 나에게 돈도 안 되는 일을 뭘 그리 열심히 하냐고 한다. 그때는 발끈했지만 그것은 "내 아내가 고생하니 안쓰럽다"는 진의의 다른 표현이었음을……. 지금껏 기념일이랍시고 선물을 받아 본 기억이 없다. 남편은 궁한 이에게는 씀씀이가 넉넉해도 자신에게는 인색하다. '그에게 아내, 나는 또 하나의 자신이구나'라고 해석이 되었다.

아이들을 죽을 둥 살 둥 키웠지만 '수고했다, 고맙다'라는 인정을 받아 본 적이 없다. 남편은 본인이 죽을 둥 살 둥 그 더운 사막의 나라에서 6개월, 4개월, 2개월을 지내고 왔어도 고생스러워 힘들었다는 불평이나 하소연을 한 적이 없다. 그냥 감당해야 하는 일은 누구에게 인정받거나 지지받을 필요가 없이 묵묵하게 하는 것이 맞는 사람이다. 그러니 독박 육아, 양육을 맡은 아내에게 뭐 그리 새삼스레 고마워할 일인가? '우린 부부로 만난 순간부터 그렇게 서로 제 할 일을 하며 살 것이다', '나는 내 책임을 회피하지 않고 묵묵하게 해내겠다'는 의지의 표현이었음을. 비록 당연한 걸 하더라도 서로 고마워하면서 지지하면서 가면 얼마나 좋겠냐 했지만, 말보다는 묵묵하게 해 버리는 사람이 남편이다.

나의 결핍이 지워진 해석이라야만 상대의 본모습이 보이는 것이다. 물론 다른 식으로 더 성장할 수 있었겠다. 부부 강의도 듣고, 부모 강의도 들으면서. 남편이 이런 것들에 더 적극적으로 참여하고 공부했으면 좋았겠다 싶다. 그러나 그런 모임 참여보다는 나의 변화가 먼저일 터. 가정 자체가 한 존재를 훈련시키고 변화시키는 장임에는 틀림이 없는 것 같다.

사랑은 존재의 인정과 격려에서 느낄 수도 있겠지만 진짜 큰 사랑은 결함을 받아들이는 것이다. 그는 인정과 격려는 부족했지만 나의 결함을 묵묵히 받아들이는 데는 익숙했다. 특유의 참을성으로. 그리하여 나는 나의 왜곡되기 쉬운 해석을 버리는 연습을 한다. 살다 보면 '본성을 따른 그의 사랑 방법이 나의 필요를 채우지 않아도, 그럼에도 불구하고 나는 그를 사랑하겠는가?'라는 질문에 직면하게 된다. 그 질문에 '그럼에도 불구하고 나는 그를 계속해서 사랑하겠노라'고 답할 수 있다면 그때가 바로 터닝 포인트. 내가 그대가 되고 그대가 내가 되는 지점. '나와 너'가 '우리'가 되는 지점이다. 길들여진다는 것은 때론 아내라는 이름과 남편이라는 이름을 버리는 일이었다. 아내이기에 당연한 것, 남편이기에 당연한 것을 주장하지 않고 '우리'라는 이름을 붙이는 일이었다. 나와 그의 언어는 길들여지고 있다. 사랑이라는 해석으로.

그의 사랑 법으로 들어가다

이른 아침부터 분주하다. 어제 한국에 가져갈 물건들을 쇼핑했다. 온라인 주문은 지난주부터 해서 엊그제 받았다. 유리병에 담긴 것들이 있다. 한 병 한 병 뽁뽁이로 감싸고 테이프를 감아 깨지지 않도록 포장을 한다. 남편이 말이다. 이 귀찮은 일을 하고 있는 남편. 거기에다가 콧노래까지 흥얼거린다. 신기하다. 여느 남자라면 성가셔 할 일을 하면서 콧노래까지 부르며 짐을 챙기고 포장하는 이 남자의 뒷모습을 보고 있노라니, 나도 모르게 얼굴에 미소가 뜬다.

사람들에게는 다섯 가지 사랑의 언어가 있다고 한다. 인정, 봉사,

선물, 스킨십, 시간을 함께함 등. 물론 한 가지 사랑 법만을 가지고 사랑하지는 않을 것이다. 경중의 차이가 있을 뿐, 이 모든 사랑의 언어들이 혼재되어 사랑을 주고받을 것이다. 물론 부족하기도 할 것이다. 이 중에서 남편의 사랑의 언어를 굳이 고르라고 한다면, 두말할 필요도 없이 '봉사'다.

우리 부부가 서울 근교에 조그만 집을 마련했을 때, 아빠가 다녀가신 적이 있다. 아빠는 집에 도착하시자마자 나에게 전화를 하셨다. 이유인즉슨, 남편의 배웅 방법을 칭찬하기 위해서였다. 역까지 모셔다 드리고, 열차표를 끊어 드리고, 당연히 용돈도 챙겨 드렸을 일. 여기에 가시는 동안 아빠가 읽을 일간지 한 부, 주간지 한 부, 그리고 마실 음료수까지 마련해서 열차에 탑승을 시켜 드린 모양이다. 아빠가 감동해서 전화를 하셨다. 그 녀석 '된 놈'이라고. 나도 생각지 못한 섬세함에 한 방 먹었다. 남편은 아빠의 평소 취향을 유심히 살펴본 것이다.

회사 동료의 부고 소식이다. 광주까지 내려가 봐야 하는 상황. 남편은 서울에서 광주까지 거의 4시간 가까이 운전을 하고 장례식장에서 조문을 했다. 본가가 보성이다. 밤늦은 시간이었지만 광주에서 비교적 가까운 본가를 들르지 않고 상경한다는 것이 죄송스러워 그 길로 본가에 내려갔다. 어머니 냉장고를 살핀 모양이다. 나이 든 분들의 냉장고에는 우리가 상상하듯 으레 검정 봉다리들이 그 안에 무슨 물건이 들어 있는지도 모른 채 널브러져 있기 마련. 하지만 어르신에게 냉장고 청소는 만만치 않다. 다음 날 냉장고 안의 모든 먹을거리를 꺼내고 내부를 층층이 분리하고 닦고 햇빛에 말려 소독까지 해서 냉장고를 깨끗하게 해 두었단다. 주부라면 알 것이다. 청소된 냉장고가 주부에게 얼마나 뿌듯한 일인지를.

  이쯤이면 열이면 열, 많은 분들이 남편을 좋게 생각할 것이다. 그런데 함정은 이 남자에게 봉사의 언어 외에는 다른 익숙한 언어가 없다는 것이다. 인정이라든가, 선물이라든가, 함께 있는 시간을 즐긴다든가, 스킨십 등의 언어가 거의 전무하다. 그러니 한동안 나의 외로움이 참 깊었던 시절이 있었다. 나는 사실 누가 나에게 봉사해 주는 것으로 사랑을 느끼는 류의 사람이 아니다. 도리어 가장 사랑으로 느끼지 못하는 언어가 바로 봉사다. 그런 것은 내가 하면 되니까. 내가 가장 사랑받는다고 느낄 때는 함께 시간을 보내며 깊은 대화를 나눌 때다. 대화가 통할 때 희열을 느낀다. 그리고 살갗을 통해 전해지는 따뜻한 체온, 나에게 스킨십은 굉장히 중요한 사랑의 언어다.

익숙한 방식으로만 일관하는 그런 태도를 사랑이라고 할 수 있을까? 익숙함에서 한 치도 발전하지 않는 그것을 사랑의 언어라고 할 수 있을까? 의심이 고개를 들 때가 많았다. 나에게 베풀어 주는 봉사도 일면 본인의 패턴, 행동 양식이라고 생각할 때가 있었다. 그것을 사랑이라고 생각하기 싫었다. 적어도 내가 그에게 특별한 존재라면 내게 보여 주는 사랑만큼은 조금 특별해야 하지 않을까 싶었던 게다.

돌이켜 생각해 보니, 나 또한 내게 익숙한 방식의 언어를 사용했다. 나의 언어를 그가 어색해할 때마다 나는 그의 사랑의 미숙함을 못마땅하게 여겼다. "당신은 왜 나처럼 사랑하지 못하는 거야"라고 심술을 부릴 때도 있었다. 그러나 이제 나는 그의 사랑 법으로 들어간다. 아침부터 캐리어를 있는 대로 꺼내 와 깨질세라 물건 하나하나를 싸매고 포장하면서 콧노래를 흥얼거리는 이 남자, 캐리어 다섯 개에 짐을 잘 분배하여 무게를 맞춘 후 보기 좋게 정리해 놓은 이 아저씨의 사랑 언어로 들어가 행복지수를 높인다.

"The only things you learn are the things you tame."
(배운다는 것은 길들였을 때, 그때만 배웠다고 하는 거야. - 필자 역)

어린 왕자와 여우가 만나서 하는 대화 중에 나오는 글귀다. 여우가 어린 왕자를 물끄러미 응시하며 자신을 길들여 달라고 부탁할 때, 어린 왕자는 대답한다.

"I'd like to. But I have't much time. I have friends to find and so many things to learn."(나도 그러고 싶지만, 시간이 없어. 난 친구를 찾아야 하고, 많은 것을 배워야 한단 말이야. - 필자 역)

이렇게 말하는 어린 왕자에게 여우는 다시 대답한다.

"People haven't time to learn anything. They buy things ready-made in stores."(사람들은 뭔가를 배울 시간이 없어. 다만 가게에서 이미 만들어진 것들을 살 뿐이지. - 필자 역)

어린 왕자가 여우를 만났기 때문에 장미와 자신의 관계를 다시 생각하게 되었을지도 모른다. 누구나 사랑이 필요하고 사랑하길 원하지만, 사랑은 완성된 채로 우리에게 다가오지 않는다. 그래서 사랑은 감정이 아니라 의지라고 하는지도 모르겠다. 그렇다고 사랑 안에서 감정을 제외시킬 수는 없는 일이다. 이 말은 다만 감정에 치우친 사랑의 비연속성을 일갈하고자 함일 테니. 완성되지 않은 사랑을 만들어 가고 닦아 가는 과정. 이것을 여우는 길들임과 길들여짐으로 가르쳐 준 것이다.

나의 언어로는 '그의 사랑으로 걸어 들어가기', '그가 나의 사랑으로 걸어오기'. 오늘 그의 여상하고도 여전한 사랑의 언어를 읽으며, 그것이 사랑이었음을, 내가 그의 사랑 속으로 걸어 들어갔음을 확인한다. 그의 사랑은 나에게 울타리였다. 그 울타리가 있었기에 내 사랑이 온전한 언어가 되었다. 그가 이제 내 언어에 조금씩 익숙해진다. 길들여졌다.

"여보, 아무래도 나는 당신 없이 혼자 살기 힘들겠어요. 아무래도 내가 먼저 죽어야겠어요."
"나도 자네 없이는 못 살아."

이 대사를 결혼하고 처음 들었다. 이 언어는 과연 길들여진 언어, 내 사랑 안으로 걸어 들어온 언어다.

은혜라는 것

수화기 너머의 목소리가 무척이나 조심스럽다.

"저어……, 김.인.형.님께서 사망하셨습니까?"

멈칫했다. 아빠의 함자와 사망이라는 두 단어가 짝을 이루게 된다는 것을 상상해 본 적이 없다. 아빠의 평안한 영면의 안색을 보았고, 장례식의 허다한 조화를 배경으로 드나드는 조문객을 만났다. 이미 알고 있는 사실, 불시에 들은 소식이 아님에도 아빠의 함자 옆에 사망이란 단어가 따라 붙는다는 것은 아직까지도 생경한 일이다. '예'라고 답해 버리면 아빠의 죽음이 정말 현실이 되어 버릴 것 같아 머뭇거렸다.

"내 사랑 선영이."

아빠가 나를 부르던 음성이다. 얼굴 가득 웃음을 싣고 나를 이렇게 애교스럽게 부르셨다. 전화를 하거나 문안하러 찾아뵐 때면, 무슨 광고 카피처럼 그렇게 부르셨다. 아직은 이 목소리가 귀에 익숙하건만, '사망'이란 소리를 듣게 되다니 죽음이 삶과 멀지 않다는 걸

실감한다. 2019년 여름, 우리 네 식구가 중국을 향해 떠나기 위해 문안을 드리던 날, 아빠는 혼잣말을 되뇌셨다.

"내가 너희들을 몇 번이나 더 볼 수 있을까? 이번이 마지막일 수 있겠구나!"

이전에도 우리를 만날 때마다 습관처럼 하시던 말씀이었다. 그럴 때마다 나는 아빠의 죽음이 요원한 일인 양, "무슨 말씀이세요? 건강관리 잘하고 계세요. 금방 올 건데요"라고 실없는 소리로 아빠를 안심시키곤 하였다.

아빠가 맞았다. 죽음은 삶에서 그리 멀지 않았다. 2020년, 중국에서 코로나 상황이 터져 온 지구가 떠들썩할 때 우리 가족은 잠시 한국에 들어와 아빠를 만났다. 그때에도 아빠는 "이번이 내 여생의 마지막이겠구나……"라고 말씀하셨다. 그로부터 아빠의 여생은 1년 6개월. 나는 아빠의 죽음 소식을 듣고서야 겨우 한국에 들어왔다. 마치 아빠의 말이 진실이었음을 확인하듯이. 아빠의 장례식은 아름답고 정갈하게 진행되었다. 아빠가 평생 손에서 놓지 않던 성경책이 아빠의 영정 사진 앞에 펼쳐졌다. 그 성경책 앞 페이지에는 구약과 신약을 완독한 날짜들이 빼곡하게 기록되어 있었다. 성경을 손에서 놓지 않았던 삶이었다. 구약을 거의 삼백 독, 신약을 천 독 이상 하셨으니까 말이다.

삶과 죽음의 경계에서, 아빠가 남긴 마지막 유언은 '은혜'였다. 아빠의 임종 직전, 마지막으로 아빠를 만났던 셋째 오빠가 전하는 말로는, 이미 동공이 풀린 상태에서 손짓으로 종이와 펜을 달라고 하시고 '은혜와 **'라고 적으셨단다. 뒷말은 해독이 불가하였으나 앞의 글씨는 분명히 '은혜'였다. 아빠가 삶과 죽음의 경계에서 마지막으로 남긴 말씀이다. 아빠는 당신의 인생을 이 한마디로 요약하고 함축하고 싶으셨나 보다. 93세의 고령이셨다. 근 백 년에 가까운 그 숫자만으로도 삶이 얼마나 고단하고 지난했을지 추측할 만하다. 일제 강점기를 겪으셨고, 6·25 한국 전쟁을 지나 오셨다. 남북이 38선으로 갈리고 평생을 부모와 친지들을 그리워하며 실향민으로 사셨다. 현대사의 한복판을 그대로 통과하며 살아 낸 나날들이었다. 그 날들의 끝에서, 마지막 고백, 이미 삶의 끈이 풀릴 대로 풀려 혼마저도 제대로일까 싶은 순간에 아빠는 '은혜'라는 글자를 선물로 안기고 떠나셨다.

내가 철부지였음을 부인할 수 없다. 나는 왜 아빠의 인생이 궁금하지 않았을까? 마지막 글씨, 두 글자를 보고서야 나는 비로소 궁금해졌다. 아빠는 이미 떠나셨는데 말이다. 아빠가 살아 계실 때 물었어야 했다. 일정 시대에 일본어를 쓰던 기분이 어떠했는지, 혈혈단신으로 남으로 넘어와 젊디젊은 시절을 어떻게 헤치며 견디어 오셨는지, 일곱 자식을 먹여 살리기 위하여 아빠는 얼마나 큰 수고를 했어야 했는지, 북에서 왔다고 하면 간첩이라는 의심부터 하고 보는 남한 사회에서 혐오와 배제의 눈초리를 어떻게 견디셨는지, 북에 있는 가족들은 얼마나 그리웠는지, 묻고 물었어야 했다. 회상에 젖은 아빠가 분노를 하실 때에는 나도 함께 욕을 해 주고, 눈물겨워 하실 때에는 나도 함께 울어 주면서, 한 사람의 가장으로 당당하게 자리 잡으셨을 때에는 박수쳐 드리면서, "고생하셨어요. 애쓰셨어요. 장하세요. 감사해요. 존경해요. 사랑해요!"라고 추임새를 넣으며 기어이 살아 내신 아빠의 인생 자체를 공감하고 동조하며 어우르는 일을 했어야 했다.

아빠에게서 은혜의 의미를 배웠다. 아빠는 내가 교사가 되기를 꿈꾸셨다. 내게 가르치는 은사가 있다고 믿으셨다. 나의 소망 또한 아빠의 원함과 맞아 떨어져 사범대에 진학했다. 제도상 들어가자마자 이미 발령을 확정받은 줄 알았건만, 졸업할 때는 임용 고시를 보고 합격을 해야만 발령을 받을 수 있는 제도로 바뀌었다. 세 번이나 시험에 낙방했다. 1차가 필기시험, 2차는 논술과 면접, 3차가 수업 시연이었던 것이 기억난다. 나는 매번 1차에서 낙방의 고배를 마셨다. 세 번째 불합격이 되었을 때에는 너무나 죄스럽고 창피했다. 도저히 불합격을 말할 자신이 없었다. 그것도 매번 1차에서 낙방이라니. 내가 얼마나 실력이 없는지 못 박는 일이었다. 거짓말을 했다. 1차에 합격을 했노라고. 기뻐하시는 부모님의 얼굴을 보니 거짓말이라도 잠시 안도가 되었다. 그리고 2차 시험날을 기다렸다. 때가 되어 교통비와 숙박비를 얻어 집을 나섰다. 그러나 내가 향한 곳은 시험 장소가 아니라 대학 동기의 자취방이었다. 결과는 이미 정해진 길. 도피하러 길을 떠난 것이다.

아이를 낳고 키우면서 번득 생각이 났다. 그때 아빠는 왜 나에게 2차 시험의 합격 여부를 묻지 않았을까? 그제야 돌이 깨졌다. 아빠는 이미 알고 계셨던 게다. 1차에서 애초에 낙방한 것을. 그럼에도 교통비와 숙식비를 내주신 것이다. 세 번의 고배를 마시는 동안 자존 감이 밑바닥을 친 막내딸을 보호하고 싶으셨을 게다. 결혼하고 아이 둘을 낳을 동안 한 번도 그 사실을 내게 언급하신 적이 없다. 그러하니 나 또한 까맣게 잊어버릴 수밖에. 얼마나 유치한 행동이었는가. 수치심이 목에 차오른다. 그러나 수치심보다 더한 것이 사랑이다. 딸의 실패를 바라보는 부모의 마음이 오죽했을까? 자식을 키워 보니 가장 포기하기 힘든 것이 자식의 실패를 허락하는 것이다. 자식이 실패하는 것을 지켜보고 좌절을 맛보는 모습을 함께한다는 것은 부모에게 가장 고통스러운 일이다. 그래서 많은 부모들이 실패를 방어하고자 그토록 안달복달하는가 보다. '정해진 길을 가라, 안전한 길을 가라'고 말이다. 자식을 위하는 길이라 생각할지 모르지만, 기실은 부모 자신의 고통을 피하고자 함이겠다. 그 일을 나의 아빠가 묵묵히 해내셨다. 아빠의 묵묵한 고통은 허다한 시간을 보내고 마침내 은혜가 되어 내게 찾아왔다.

아빠는 약 3년 정도, 죽음의 여정을 겪어 내셨다. 죽음이 또 다른 삶을 여는 문임을 모르셨을 리 없다. 40이 넘은 중년의 나이에 예수를 영접하고 신앙생활을 하셨지만, 분명한 체험이 있었고, 규칙적인 영적 생활이 있었다. 그래서 나는 기대했다. 아빠가 죽음을 받아들이는 여정이 믿음의 용사처럼 의연하고 용감할 것이라고. 그러나 아빠는 내 기대를 외면했다. 육체의 연약함을 견디는 일은 생각보다 험난했다. 자기 관리에 철저하고 꼿꼿하던 아빠의 성정은 스스로 운신하기에 버거운 육신이 된 상황을 받아들이기 힘들어 하셨다. 점점 노쇠해지며 죽음이 가까워질 때마다 아빠의 신앙이 흔들리는 모습도 목격했다. 그리스도인이라 하여 무조건 죽음이 두렵지 않은 것도 아니었고, 사그라드는 육체의 세월 앞에서 어쩔 수 없이 불청객처럼 찾아오는 외로움과 서러움도 맛보아야 했다. 고통의 한계는 원망과 짜증도 늘렸다. 와병의 세월로 점차 스러져 가는 아빠의 시간들은 마치 죽음의 세밀화를 보는 듯했다. 그랬다. 아빠는 나에게 '죽음은 이런 것이다'라고, 죽음 앞에선 인생의 내밀함과 본성을 상세하게 보여 주었다.

　죽음의 관문을 통과하는 일은 쉽지 않았다. 통과되고 나서야 너머의 삶을 연결할 수 있음이다. 생의 끝자락에 먼저 찾아드는 것은 생명을 방해하는 존재들이었다. 마지막까지 쫓아와 새로운 생을 가로막는 존재들, 그들과의 전쟁을 아빠는 가장 노쇠한 육신을 장착한 채 가장 연약함으로 맞섰다. 힘겨운 일이었다. 아니 불가능한 일이었다. 그러나 승리하셨다. 아빠의 손을 놓지 않으시는 주님의 손이 있었기에 말이다. 그 손의 기운을 상상해 본다. 그 옛날, 내가 실패한 후 잡았던 아빠 손의 따스함처럼 주님의 손이 그렇게 따스하지 않았을까? 마지막 동공이 풀리는 그 순간에 아빠가 온 힘을 다하여 '은혜'를 적을 수 있었던 것은 그분의 다사로움이 눈앞에 있었기 때문일지도 모르겠다.

　은혜라는 것, 늘상 강해서, 영웅스러워서, 위대해서 증명되는 것은 아니다. 가장 약한 순간에, 막다른 선택을 해야 하는 그 순간에 은혜를 체감한다. 세상은 강해지라고 부추긴다. 그래야 경쟁에서 이긴다고 한다. 그래야 자유로울 것이라 떠들어 댄다. 그러나 나는 아빠의 삶과 죽음이 남긴 종적에서 은혜의 참맛을 느낀다. "내가 약할 때 강함이라"는 바울의 고백은 누구에게나 같은 경험임을 말이다.

어머니의 장례

공교롭게도 초대 문화부 장관 이어령님과 나의 시어머니가 같은 날 하늘의 부름을 받았다. 한 분은 한 시대에 이름을 떨치셨고, 한 분은 시골의 촌부(村婦)로 별 이름 없이 살다 가셨다. 80을 넘어 90에 이르는 세월을 사셨으니, 그 세월, 살았던 시대 동안, 여자로 산다는 것이 어떠했을지는 짐작할 만하다. 여자는 재주가 없는 것이 덕이라 치부되던 시절. 그래서 있는 집 자식이라도 여자는 학교에 보내질 않았던 시절이다. 그렇게 누구네 집 몇째 여식으로 살다 시집을 간다. 시집을 온 날부터 어머니는 용강댁이라 불렸다. 그 출신지로 대신하여 불린 이름.

아버지는 순하디 순한 분이신 반면, 어머니는 여장부 같으셨다. 집안의 대소사를 챙기고, 부녀 회장을 하셨으며, 선거 운동 위원이기도 하셨다. 소위 늘 진보 쪽에서 말이다. 그런 사회적 활동을 하는 동안에도 어머니는 '문금연'이 아닌 '용강댁'이셨다. 정말로 본인의 이름을 잃어버린 생애를 사신 것이다. 묘비의 비석에 적을 글자를 들여다본다. '문.금.연.' 남평 문가에 비단 금, 연꽃 연. 죽어서야 당신의 이름 세 글자가 적혀 있다. 어머니 함자 세 글자를 이제야 알았다. 어머니가 죽음의 길에서 얻은 호사는 이 세 글자, 본인의 이름을 찾는 것, 딱 이 정도다. 거기에 자손들의 이름을 덧붙였다.

5년을 와병 중에 계셨고, 그중 후의 2년은 가족들과 고향 집에서 지내셨다. 코로나로 요양 병원 면회가 자유롭게 되지 않는 터라 그곳에 계신 외로울 어머니를 두고 볼 수 없어서 집으로 모셔 왔다. 아버님이 고생 많으셨다. 작년(2021년)에 친정아버지 장례 차 한국에 갔을 때 찾아뵌 어머님은 이미 생명의 기운이 소진해 가는 중이었다. 그래도 내가 떠 드린 조기 매운탕의 살점과 국물, 잘게 다져서 드린 나물들을 삼키며 '많이 먹었다'로 '잘 먹었다'를 대신하셨던 어머니의 빛바랜 목소리는 기억 속에 잔잔하다. 조금 더 버텨 주신다면 4월에 출국 예정된 남편의 얼굴을 한 번이라도 더 보실 수 있겠지, 조금만 더 견뎌 주시길 바랐다.

이 아들은 어머니가 치매 발병 때부터 가장 좋아하는 아들이라 다른 자식들 앞에서도 대놓고 말씀하실 만큼 각별한 아들이었다. 그런데 그 아들이 이렇게나 먼 곳에서 부고를 듣고서야 어머니를 만나러

가게 되었으니 어머니는 아들에 대하여 어떤 마음을 품고 이승을 떠나셨을까? 인지형 치매라기보다는 운동성 치매가 심해서 두 다리를 쓰지 못하는 몸의 형편에 비해, 정신 상태는 치매환자 치고 또렷하셨다. 자식들 이름을 기억할 정도로. 결국 남편은 유품으로 남겨진 어머니 얼굴조차 뵙지 못하고 어머니를 보내 드리게 되었다. 남편이 도착하기 전 이미 화장을 할 수밖에 없게 되었고, 가족용 장지에 모시는 일만 함께할 수 있었다. 애석하게도 어머니는 코로나 확진 상태에서 지정 병원에서 치료 중 돌아가시고 말았다.

거동을 못하신 이후로 뵐 때마다 마음 한편이 아리고, 인생이 이렇게 쓸쓸할까, 무상한 인생이 야속하고 슬펐다. 어머니의 수줍은 웃음이 떠오른다. 안아 드리고 하트를 날릴 때마다 며느리의 애교가 성정에 맞지 않아 민망하고 어색해서 어찌할 바를 몰라 쑥스러움 끝에 흘리시던 그 웃음. 그러나 싫은 기색 없이 천진하게 웃으시던 그 모습. 이 아른거리는 기억을 남겨 주시고 떠나셨다. 남편의 월급날이 되어 용돈과 함께 전화를 드리면, 너희도 살기 팍팍할 텐데 미안하다시며 편치 않은 기색을 하시던 어머니. 그래서 나는 결국 남편에게 그 일을 일임했다. 며느리가 건네는 돈은 늘 떳떳지 않은 것처럼 어려워 하셨기에, 아들의 손을 거쳐 편하게 맘껏 받아 쓰시라, 그렇게 당당하게 받아 쓰시길 바랐다.

농사일이라곤 해 본 적도 없는 내가 철딱서니 없이 밭일을 한답시고 함께 나서서, 그 하는 짓이 호기심만 가득한 꼬맹이처럼 굴어도 여유롭게 받아 주셨다. 구태여 본가의 법도를 따르라 다그치지 않으시며 내가 할 수 있는 만큼을 받아 주셨고, 부족하다 모자라다 꾸짖지 않으셨다. 무릎 관절 수술 후에 3주 동안 요양 차 우리 집에 계시면서 병원을 들락거리는 길에 휠체어를 끌고 거리를 나가면 꼭 물어보는 사람들이 있었다. 딸인가 보다고. 그 물음 끝에 딸처럼 돌봐 주는 살가운 며느리란 대답으로 고마움을 대신하셨다. 나는 내 아이들에게 애정 표현을 하는 일에 끔찍해서 옛날 어른들 앞에서 철딱서니 없이 내 아이들을 어르고 까꿍거리며 맘껏 사랑을 표현했다. 어머니는 그런 내 모습을 보고서, 너는 참 사랑도 많다며, 나의 애살스러움을 밉살스럽게 보지 않으셨다. 사실 어머니 연배에서는 부모 앞에서 제 자식 귀여워하는 일은 흉이 될 수도 있었지만, 흉보다는 개성으로 받아 주신 어머니. 남편과의 결혼이 결정되고 어머니는 당신이 꾸신 꿈을 얘기하셨다. 나를 만나기 바로 전의 꿈이다. 집 마당에 양 한 마리가 들어와서 이리저리 두리번거리는 꿈을 꾸셨다고. 그 양이 바로 너였던 것 같다고.

나는 어떤 죽음과 장례를 맞이하게 될까? 어머니의 장례는 최대한 약소하게 치러졌다. 가족들의 시선을 받으며. 친히 낳고 기른 자식들의 마음속에서, 그들만의 순례로 치러졌다. 비견해서 초라한 것 같지만, 나는 이런 장례식도 나쁘지 않을 것 같다. 많은 이에게 기억 되지 않아도 오롯한 알맹이, 남겨진 이들에게 사랑이라는 그 알짬의 기억을 남겨 줄 수 있다면, 그것으로 되었다는 생각을 해 본다.

자주 말하곤 한다. 많은 이들이 더 나은 미래를 위해 발버둥 치지 만 우리의 가장 확실한 미래는 '죽음'이다. 그래서 미래를 위한 준비 는 '죽음'을 도외시하고는 설계할 수 없다. 죽음을 기억하며 살아가는 것이 지혜라 생각한다. 죽음이라는 마지노선에서는 버릴 것과 품어 야 할 것을 바르게 선택할 수 있다. 살아가지만 죽어 가는 이 역설은 아마도 인간을 가장 인간답게 하는 장치가 아닌가 싶다.

아이들이 연거푸 외할아버지와 친할머니의 죽음 소식을 들어서 그런지 제 아비, 어미 걱정을 한다. 앞으로 100년은 더 살아야 된다 며 다짐을 부추긴다. 큰 녀석이 말한다. 적어도 엄마, 아빠의 죽음을 맞이할 마음의 준비가 된 후에 이별하게 해 달라고. "그게 뜻대로 되 겠느냐? 얼마나 더 살면 준비가 되겠느냐?"라며 핀잔을 했지만, 나 와 남편의 죽음이 아이들에게 선물이 되었으면 좋겠다.

남편에게 톡을 보낸다. 너무 쓸쓸한 장례식이라서 맘 아프겠지만,

당신 같은 훌륭한 아들을 남기고 가셨으니, 어머니 인생을 너무 외롭다, 고적하다 생각하지 말라고. 무명한 인생이셨으나 하나님은 편견과 차별이 없는 분이시니 그분의 품에서 안식하실 것이라고.

수상한 수상 소감

　　　　　"제가 '이상한 변호사 우영우'에서 가장 좋아하는 대사는, '제 삶은 이상하고 별나지만 가치 있고 아름답습니다'라는 대사였는데요, 영우를 통해 이 이야기를 전할 수 있어서 정말 기뻤습니다. 어렵더라도 자신의 삶을 인정하고, 수긍하고, 또 포용하면서 힘차게 내딛었던 영우의 발걸음을 오래도록 간직하고 싶습니다."

　지난 금요일 백상예술대상 시상식에서 박은빈 배우가 대상을 수상하며 했던 수상 소감이 연일 화제가 되고 있다. 나 또한 뒤늦게 수상 소감을 꼼꼼하게 읽어 보고 일부러 유튜브에서 찾아보았다. 역대 어떤 수상 소감보다도 감동적이었다. 박은빈 배우의 사람다움이 느껴져서 연기자 박은빈뿐만 아니라 사람 박은빈으로서 매력적이라 아니할 수가 없다. 이 수상 소감으로 나는 결정하고야 말았다. 앞으로 박은빈 팬이 되기로. 내 인생에서 연예인 팬이 된 적은 한 번도 없었건만, 학창 시절마저도 연예인에게는 단 1도 관심이 없었던 나의 장벽을 박은빈이라는 배우가 깨뜨렸다.

세상은 내 맘대로 살아지는 현장은 아니다. 예기치 않은 일들이 일어나고 바라지 않던 고난이 찾아오는 곳. 고통은 바라지 않아도 찾아오고, 그 고통이 남긴 상흔은 참으로 크다. 어쩌면 영원히 씻어내지 못할 만큼. 사람이 떡으로만 사는 것이 아니래도, 우리 육체는 정신과 마음보다도 빈곤과 허기를 더 빨리 감지한다. 아무리 믿음이 굳건해도 당장 밀려들어 오는 육체의 고통은 이길 재간이 없다. 차라리 죽기를 바랄 수밖에 없는 고통을 겪을 때, 어찌 참으라고만 말할 수 있겠는가. 살아 있는 일이 이렇듯 고통스럽고, 살아가는 일이 이토록 고달프면, 당연하게 '내 인생은 왜 이 모양 이 꼴인가', 자기연민이 고개를 들게 되고, 남들 인생은 나보다는 다 평안하고 안락해 보이는, 그런 착각을 하게 된다.

내 삶을 긍정하고 수용하기가 힘들다. 내 삶이 가치롭고 의미 있다고 인정하기가 쉽지 않다. 그래서 내세를 더욱 그리워하기도 한다. 이 땅에 소망이 없다는 말을 하면서 말이다. 그런데 자주 회자되는 상대적 박탈감, 상대적 빈곤감이란 말이 뜻하듯이, 내 삶을 긍정하기 힘든 일면 중에 하나는 타인의 삶과 내 삶을 비교하기 때문에 일어난다. 비록 극이었지만, 이상한 변호사 우영우가 자폐 스펙트럼을 가진 아이로 태어난 것은 본인의 선택이 아니다. 그저 원치 않은 일이 찾아왔고, 마치 길을 가다가 뜻하지 않게 돌 한 대 맞은 것처럼 밑도 끝도 없이 그저 찾아온 일이다. 인과 관계로 전혀 해석할 수 없는 일이다.

그렇지만 우영우는 자신의 삶을 긍정했고, 타인이 그것을 긍정하지 않았더라도 자신은 남과 다른 그것을 수용하고 포용함으로 나름으로 자신의 삶이 가치 있고 의미롭다 여겼다. 다음은 '이상한 변호사 우영우'에 나왔던 대사다.

"저는 흰고래 무리에 속한 외뿔고래와 같습니다. 윗턱으로부터 앞으로 길게 나선형으로 뻗은 앞니가 있어서 외뿔고래라 불립니다. 그 모습이 마치 유니콘의 이마에 있는 뿔처럼 보입니다. 길 잃은 외뿔고래가 흰고래 무리 속에 섞여 함께 사는 모습을 본 적이 있습니다. 어느 다큐멘터리에서요. 저는 그 외뿔고래와 같습니다. 낯선 바다에서 낯선 흰고래와 함께 살고 있어요. 모두가 저와 다르니까 적응하기 쉽지 않고 저를 싫어하는 고래들도 많습니다. 그래도 괜찮습니다. 이게 제 삶이니까요. 제 삶은 이상하고 별나지만 가치 있고 아름답습니다."

누구나 삶의 짐을 지고 살아간다. 그런 짐이 나를 미천하고 보잘 것없는 것처럼 만들기도 한다. 남들은 지지 않는 짐을 나만 진 것 같은 외로움과 고통. 도스토예프스키는 『카라마조프가의 형제들』에서 도리어 이런 것들이 '고귀한 정신'을 알아차리는 수원水源이 된다고 했다. 그 어떤 기준이나 타인의 시선으로 내 삶을 규정하지 않고, 내가 내 삶을 긍정하고 인정할 때, 비로소 그때 '고귀한 정신'을 알아차리게 된다. 어떤 모습이든, 어떤 위치나 지위든 우리 각자의 삶은 고귀하며, 그 삶을 긍정하고 수용해야 마땅하다. 이 일은 '나'로부터 시작되어야 한다. 치유과 자유는 이 지점에서 시작된다는 것을, 우영우가 우리에게 알려 준 것이다.

"그래도 괜찮아요. 이게 제 삶이니까요."

우리 모두 이렇게 말해 보면 어떨까.

CHAPTER 4

살아 있는 것들에 잇댄 시간

여행의 쓸모

"와, 우리 집이다, 우리 집 냄새!"

아이들이 집을 떠나 여행을 다녀오면 이 녀석들 입에서 반드시 나오는 대사다. 여행하는 동안 즐거웠고 행복했지만, 여행을 마치고 돌아오면 아이들의 입에서 어김없이 발사되는 언어. 집이 주는 안도감과 안정감이라는 정서가 아이들의 입에서 자연 반사적으로 흘러나온다. 아이들의 탄성을 들을 때마다, 나는 속말을 되뇐다.

'그래, 이 맛에 여행을 하는 거지.'

집은 일상성과 반복성의 대명사 같다. 어김없이 되풀이되는 삶은, 매일 집이라는 공간 안에서 일어난다. 반복성이란 익숙함의 다른 말이기도 할 것이다. 익숙함은 편안함의 다른 표현일 수도 있겠으나, 달리 말하면 지루함이라고도 할 수 있겠다. 일이 지루해지기 시작하면 불만스러워진다. 이럴 때 사람들은 일탈을 꿈꾼다. 가장 건전한 일탈이랄까, 이것이 바로 여행이 아닌가 싶다. 일탈은 일상을 그립게 한다. 지루하게 느꼈던 일상은 사라지고, 그 일상이 나의 안전이었고, 평안임을 각성한다. 그래서 이전 같은 일상으로 돌아왔지만,

그 일상은 환기된 일상, 재해석된 일상이다. '환기된 일상'을 경험하는 것은 언제나 옳다. 반드시 멀리 떠날 필요가 있을까. 곁에 둔 공원을 산책하는 일이라도, 집에서만 마시던 커피를 제법 분위기 있는 커피 전문점에서 마셔 보는 일이라도 의무와 당연에서 벗어나는 일, 해 볼 만하다.

인도 3주 살이를 마치고 입국했다. 공항에 입국하면 나는 부지중에 냄새부터 맡는다. 공항에 들어섰을 때 코에 들어오는 그 냄새가 마치 그 나라를 다 알려 주는 것만 같아, 나도 모르게 흠씬 숨을 들이킨다. 코를 킁킁거리며 예민하게 숨을 들이켜다 보면 그 나라 특유의 냄새가 있는 것 같다. 공항에서 한 나라에 대한 첫인상을 경험한다. 중국이 그랬고, 인도가 그랬다. 한국인이지만 한국 공항에서도 습관적으로 코로 숨을 들이켠다. 내 나라의 냄새를 맡기 위해서. 내 나라에 줄곧 있었다면, 익숙함에 중독되어서 맡지 못했을 냄새를 나는 기를 쓰고 맡아 보려 한다. 우리나라 공항에서는 방향제 냄새가 진동했다. 아쉽다. 대신 입국 수속을 하고 짐을 찾으러 가는 길에 한쪽 벽면을 채운 자개 동영상이 눈길을 끈다. 자개로 동양화를 그린 작품이다. 벽면의 장식을 유심히 바라본다. 마치 처음 본 것처럼 말이다. 나 어릴 때만 해도 자개농이 유행이었다. 우리 집에도 8자짜리 장에 자개 무늬가 박혀 있는 자개농이 있었다. 지금도 엄마 집에 그

농이 있다. 엄마가 돌아가셔도 나는 그 농을 버리지 못할 것 같다. 유행 지난 퇴물이지만, 뭐랄까, 한국적인 것을 지키고 싶달까.

　이렇게 어릴 때부터 익숙했던 자개 무늬를 마치 처음 본 것인 양 쳐다보는 나의 시선을 의식하며, 이것이 바로 여행의 쓸모임을 자각한다. 살아 보지 않은 나라에 갔을 때의 첫 경험. 그 모든 것이 내게 생소함이 되어 다가올 때의 그 기분. 그때 나는 마치 호기심 세상에 들어온 것처럼 모든 신경을 곤두세우고 세상을 탐색한다. 나는 새로움에 대한 동경이 있다. 새로움 앞에 나의 존재는 어린아이가 된다. 새로움은 에너지다. 젊어지는 기분이다. 이 기분은 묘하게도 타국에서 한국에 입국할 때도 이입이 된다. 마치 내가 외국인이 된 양, 그런 시선으로 이전이라면 익숙했을 한국을 보게 된다. 한편 의지적인 시선이기도 하다. 타국에서 외국인의 시선을 경험한 내가 한국에서도 잠시 같은 모양새로 감정 이입을 해 보는 것이다. 외국인은 한국적인 자개 공예를 보고 무엇을 느낄까. 한국의 산세를 보고 어떤 기분이 들까. 어떤 것이 새롭고 신기할까. 그러면 익숙함에서 벗어난 호기심이 스멀거리기 시작한다. 자개 공예는 왜 생겨났을까, 어디에서 시작했을까, 조개로 자개를 만들 생각은 왜 했을까, 이런 하잘것없는 질문들이 생기면서, 지나치며 스쳐 갔던 것들에 대한 예의랄까, 존중이랄까, 이런 마음이 든다.

인도의 공용어는 힌두어? 아니다. 남편이 현재 살고 있는 구자라트는 구자라트어를 사용한다. 힌두어가 아니라는 말이다. 그 다름이 우리처럼 억양이나 어휘가 조금 다른 그런 방언의 수준이 아니다. 완전히 다른 언어라서 서로 알아들을 수 없다. 이렇게 의사소통이 불가한 언어들이 주마다(모든 주가 그런 것 같지는 않고) 있다고 한다. 그러니 결국 공용어로 영어를 선택할 수밖에 없는가 보다. 그러나 영어를 공용어라고 하기에도 어설프다. 앞으로는 영어를 더욱 사용하는 나라가 되겠지만, 고급 교육을 받은 사람들만 영어를 영어답게 사용하는 것 같고, 대부분은(대부분이라고 말하기엔 내가 경험한 인도가 너무 한정적이긴 하지만) 영어를 사용해도 고급스럽지 않았던 것 같다. 발음도 내게 익숙한(잘한다는 말이 아니라, 그저 이런 발음을 비율로 따졌을 경우 더 많이 들어 보았다는) 미국식이나 영국식이라기보다는 참으로 인도 특유의 영어식 발음이었다. 예를 들어 파킹parking을 빠르킹이라고 한다든가, 크라임crime을 끄롸임이라고 한다든가. 하기야 한국 사람들이 사용하는 것도 한국식 영어 발음이겠지만, 우리에게는 그야말로 외국어니까 어쩔 수 없지만, 인도인들에게는 제2언어the second language인데도 영어를 사용하는 수준이 그리 높지는 않았다.

인도 영어를 가장 잘 알아듣는 녀석은 우리 둘째였다. 내 귀로는 뭐라 하는지 하나도 알아들을 수 없는데, 짱구는 어찌 알아듣고 나

보다 선수 쳐서 대답을 한다. 물론 아주 간단한 영어들이었다. 우리 짱구는 이번에 나름 영어 자신감을 얻고 돌아왔다. 반전이다. 우리 집에서 영어를 가장 못한다고 공인되었건만 가장 잘 알아듣고 대답했다. 질문은 내가 하고 대답은 짱구에게 들을 때가 많았다.

여행을 하다 보면, 아이들의 예상 밖 모습을 목격하곤 한다. 일상성에 젖어 있던 생활 모습 밖에서 아이들은 내 생각보다 더 팔팔한 생명력을 가졌음을 느낀다. 그리고 의외의 성품들. 짱구는 여행 내내 한 곳에 빠지면 그것을 찍고 감상하느라 지체하는 나와 형을 챙기느라 애를 썼다. 나와 첫째는 4인 가족의 동선 안에서 움직이라고 자주 핀잔을 받았다. 핀잔이라 말했지만, 제법 어른스럽게 챙기는 모습이 듬직하였다. 부모가 아닌 어른들 대하는 모습도 목격한다. 맞장구를 치고, 대화를 이어 가는 모습을 보면서, 이 녀석들이 사회생활을 잘하겠구나 싶기도 했다. 그러나 무엇보다 내가 여행을 하면서 내 스스로에게 느끼는 신선함은 아이들이 어느 때보다 사랑스럽다는 것이다. 여행이 일탈인 이유다. 의무와 당연을 벗어난 곳에서의 아이들 모습은 내게 어느 때보다도 본연의 모습으로 다가온다. 그래서 괜하게 손 한 번 더 잡아 보고, 얼굴 한 번 더 쳐다보고, 눈빛 한 번 더 맞춰 본다. 어떻게 보아도 사랑스럽다.

여행을 하다 보면, 현실이 매우 다양하다는 걸 깨닫게 된다. 항상 현실을 운운하며 꿈은 접어야 하고, 현실이란 장벽 앞에 무릎 꿇을 수밖에 없다고들 한다. 불가능하다 여기는 많은 일에 대한 대답은 '현실의 벽'이다. 현실은 마치 불가능을 설명하는 가장 합리적인 말처럼 들린다. 나 또한 현실의 벽을 느낀다. 20여 년을 전업주부로 살아온 내가 당장 취업할라치면, 현실의 벽을 실감한다. 온 세상에 현실은 오직 단 한 가지 모양새로 고착화되어 있는 듯한 착각을 불러일으킨다.

우버 택시를 타고 목적지로 가는 동안, 역시 여행은 빚을 내서라도 하는 게 좋다고 내가 말하자 짱구가 대뜸 무슨 여행을 빚을 내서 하냐고, 그것은 무모한 일이라고 답변한다.

"여행을 투자라고 생각하는 거지. 나한테 하는 투자. 물론 갚지 못할 만큼 빚을 내라는 뜻은 아니야. 엄마는 인도 사람들이 한국에 와 보면 분명 어떤 꿈을 가질 수 있을 것이라고 생각해. 인도의 현실에서 벗어난 꿈. 한국의 현실을 맛보는 거지. 여튼 근대화에 있어서 한국이 인도를 앞선 만큼 그들의 미래를 한국에서 조금은 맛볼 수 있지 않을까? 인도에서는 인도의 현실만 경험하며 살겠지. 오직 그것만이 현실이라고 생각할 거야. 그러나 한국에 와 보면 인도와는 다른 현실이 있다는 걸 경험하게 되지 않을까? 물론 우리도 마찬가지지. 우린 우리가 경험한 것만을 현실이라고 생각해. 인도에 와 보니, 우리보다 못한 현실이 얼마나 많니? 우리나라의 현실이 젊은이들에게 참 막막하다만, 인도에 와서 보니 내가 경험하는 것과 또 다른 현실을 목격하게 되잖아. 물론 이들의 빈곤이나 전근대적인 습성을 비하할 생각은 전혀 없지만, 적어도 우리가 맞닥뜨린 현실을 조금은 새롭게 볼 수 있는 마음의 여유는 생기지 않을까 싶어.”

현실을 고착화시키지 않는 것. 수많은 현실에 대한 상상. 신앙의 힘도 이런 것이 아닐까. 날마다 우리가 말씀을 묵상하며 조금이라도 그분과 교통하기를 원하는 것은 이렇듯 현실에 대한 무한한 상상을 하기 위함일 것이다.

호도협虎跳峽 트레킹, 수다쟁이 길을 걷다

호도협은 리쟝麗江에서 샹그릴라香格里拉로 향하는 차마고도茶馬古道의 길목에 자리하고 있다. 차마고도는 비단길보다 200년이나 앞선 무역로로 운남에서 티베트까지 5,000㎞에 이르는 길이다. 운

남의 차와 티베트의 말을 물물 교환하러 오가던 길이였으며, 오체투지 순례의 길이기도 하였다. 이 길의 한 구간에 호도협이 자리하고 있다.

> 인도 대륙과 유라시아 대륙의 충돌로 야기된 지각 운동은 하나였던 산을 옥룡설산(5,596m)과 합파설산(5,396m)으로 갈라놓았고, 그 사이로 금사강이 흘러들면서 길이 16km, 높이 2,000m에 달하는 길로 거대한 협곡을 만들었다. 이 협곡은 포수에게 쫓기던 호랑이가 금사강 중앙에 있는 돌을 딛고 강을 건넜다고 해서 호도협이라 부른다. – 김영미, 「옥룡설산 바라보며 차마고도를 걷는다」, 『월간 산』, 610호, 2020년 8월호, 200.

호도협 트레킹 길은 세계 3대 트레킹 길 중 하나이다. 금사강을 끼고 병풍처럼 서 있는 산의 깎아지른 듯한 절벽, 도무지 길이라곤 있을 성싶지 않은 그곳에 신비처럼 길이 있다. 총 28밴드의 길은 하늘에서 내려다보면 그야말로 S자의 굴곡을 이루고 있다. 한쪽은 절벽, 한쪽은 천 길 낭떠러지, 맞은 편 먼 곳에 있는 또 다른 산의 풍광을 바라보며 길을 걷는다. 좁디좁은 길이다. 절경에 취해 인생 샷 하나 건지려고 한 발짝만 더 나아가다가는 그 길로 황천길이다. 이 길을 그 옛날 마방馬幇(차마고도를 따라 교역을 하던 상인 조직)은 말과 함께 걸었다고 생각하니, 자못 마음까지 경건해진다. 삶을 내놓고 걷는 길이라는 생각에서다.

요즘은 인생을 한바탕 춤에 비유한다. 자신의 몸짓으로 자기만의 무대에서 춤사위 한마당을 차리는 것. 자기만의 고유한 삶을 살라고 격려하는 세태에서, 인생을 춤이라 비유하는 것은 매우 시의적절한 발상인 듯싶다. 인생을 길이라 하는 비유보다 설득력 있다. 그러나 차마고도는 그야말로 살기 위한 길, 삶을 유지하기 위하여 나선 길이 었으니, 이 길에서만큼은 '인생길'이라는 말이 시대에 뒤떨어진 구차한 비유 같지 않다. 넓고 평탄한 길이 아니라도 나서야 했던 길, 길바닥은 사람과 말의 발자국으로 윤이 날 지경이다.

호도협 16km 트레킹을 중도객잔_{中道客栈}에서 시작했다. 나시객잔, 중도객잔, 차마객잔 등 호도협 트레킹 길 중에는 이렇게 세 개의 객잔이 있다. 객잔이란 한국으로 치면 주막 같은 곳으로, 나그네의 먹을 곳과 잠잘 곳을 내주는 곳이다. 중도객잔에서 시작하여 관음폭포를 거쳐 다시 차마객잔으로 들어서기까지, 온 세상에 마치 이 길만 있을 것 같은 착각이 일었다. 게다가 절벽의 중간쯤에 실처럼 만들어진 길을 가자니, 이것만으로도 내 인생이 신선이 된 듯도 하였다가, 세상 가장 협착한 길을 가는 고난의 종인 듯도 하였다. 삶이 그맬

속일지라도 너무 슬퍼하거나 노여워하지 말라는 어떤 시인의 위로는 정작 마방들이 들어야 했던 것이 아닐까 싶다.

그럴싸한 대의명분을 위하여 걷는 걸음이 아니다. 존재하기에 걷고, 살아야 하기에 걷는다. 길을 떠나기 전, 아내가 막 해산을 했을지도 모를 일이다. 갓 세상 구경을 한 아이의 눈망울이 굵은 동아줄처럼 아빠의 마음을 동여맸을지라도 떠날 때가 되면 길을 나서야 했을 것이다. 사랑하는 부모님을 이승에서 떠나보낸 지 몇 날 되지도 않았지만, 땅에도 묻고 가슴에도 묻은 후 떠나는 길일 수도 있겠다. 막 결혼한 새신랑이 신부와 설레는 첫날밤을 치르고, 놓고 싶지 않은 손을 애써 뿌리치며 나서는 길일 수도 있겠다. 차마고도, 그 길을 걷는 한 발 한 발에, 부모와 아내와 자손에 대한 그리움과 생사가 묻힌다. 그리고 가족을 위한 먹을 것과 필수품을 가져올 기대와 설레임을 그려 넣는다. 생을 유지하고 버티는 것, 험난한 가족의 생을 위해 기어코 감내하는 그 발걸음에 더 나은 대의명분이 무슨 필요냐? 길에서 그들의 삶이 연결되어 있음이다.

협착한 길에도 무명의 들꽃들은 여전했다. 아무렇지도 않고 예쁠 것도 없는, 오래 노동한 아내의 손 같은 들꽃들이 내 인생을 대변하는 것 같다. 수많은 사연들을 마음에 담고 걸음을 떼는 삶의 순례자

들처럼, 들꽃 또한 갖가지 자기들의 삶을 수다쟁이처럼 이야기하는 듯했다. 생명을 살아 내기에는 척박한 곳, 그처럼 높은 곳에 뿌려져 기어이 존재를 피우고 살아 낸 작은 생명체들은 거대한 산 절벽과 절묘하게 조화를 이뤄 여행자의 마음을 격려한다. '걷고 걸어라. 가고 가거라. 삶은 그렇게 살아 내고 유지되는 거란다'라고 말이다. 새삼 하나님이 생명에게 허락하신 주체성의 의지가 감사하다. 생명을 시작하시되 자동화된 로봇 같은 생을 살게 하지 않고, 주체적으로 응전하고 도전하며 살아가게 하신 것은 하나님 아버지의 사랑이다. 모든 것을 안전하게 보장하고 보호하는 사랑보다 훨씬 더 큰 사랑임이 분명하다.

차마객잔茶马客栈의 선물

지친 다리를 쉬게 할 객잔에 도착했다. 분명 타지임에도 내 집인 듯싶으니, 역시나 이곳은 길에서 지친 나그네에게 없어서는 안 될 휴식처임이 분명하다. 해발 3천 미터를 웃도는, 하늘과 가깝디가까운 곳에 있다는 느낌은 어떤 몽상을 품게 한다. '아, 여기가 하늘 가는 길이구나' 싶은. 이걸 증명이라도 하는 곳이 측간이다. 중도객잔에는 천하제일측天下第一厠(천하제일의 측간)이 있다더니, 차마객잔 또한 못지않다.

중국의 일상 문화 중 외국인들을 충격에 빠뜨리는 것이 화장실이다. 화장실에 문이 없다. 겨우 가릴 부분만 가리고 옆에서 볼일 보는 사람과 눈을 마주칠 수도, 담소를 나눌 수도 있다. 이런 화장실 문화는 어찌 보면 역사의 아픔이기도 하다. 1949년, 중화 인민 공화국이 출범한 해다. 그럼에도 불구하고 대만 국민당의 잔류가 본토에 남아 간첩들이 들끓었다고 한다. 아직 공산당이 정권을 안정적으로 뿌리내리지 못한 상태에서 화장실은 적과의 정보가 교환되는 곳이었다. 이를 방지하기 위해 화장실의 문을 다 떼 버렸단다. 이후 60년대 문화 혁명을 거치면서 불신과 감시가 더 깊어져 이런 습관이 굳어지고 말았다. 아침이면 동네 사람들이 화장실에 모여 볼일을 보며 담소를 나눴다고 하니, 외국인에게는 경악할 일이다.

베이징 올림픽을 치르면서 다소 충격적인 화장실 문화는 거의 사라졌지만, 아직도 시골 등에는 이런 형태의 화장실이 존재한다. 그러나 적어도 중도객잔과 차마객잔의 화장실만큼은 문명에 뒤떨어진, 아니 불신과 감시가 팽배했던 문화의 잔류라기보다는 천혜의 휴식처라 말하고 싶다. 볼일을 보는데 탁 트인 산수가 눈 안에 들어온다. 콧등을 스치는 맑은 공기와 바람, 풀잎 소리와 새들의 지저귐을 앉은 자리에서 만끽할 수 있는 곳. 화장실을 비움의 자리라고 하더니, 비워 낸 인생에게 표창이라도 달아 주듯 새삼스럽다. 기대하지 않은 선물을 받은 듯 기쁘다. 어디서 이런 화장실을 맛보겠는가? 이 곳이 천상이다. 하하.

객잔의 모습은 한국의 전통 가옥과 사뭇 비슷한 느낌이다. 목조 건물의 중심에 마당이 있다. 마당에는 언제부터 심겼을지 모를 꽃나무 한 그루가 천연의 붉은 빛으로 여행객을 환하게 맞이한다. 객잔의 음식은 매우 다채롭다. 세계 3대 트레킹 길 중 하나이니만큼, 세계 각국의 여행객들을 맞이하는 이력 때문인지, 퓨전 요리가 가득하다. 우리에게는 오골계로 닭백숙을 내주었는데, 한국의 맛 그대로다. 마늘을 듬뿍 넣고 끓인 백숙에, 찹쌀 죽까지 든든하게 배를 불린다. 숙소의 맨 위에 마련된 옥상에서 자연을 소화제 삼아 먹은 것을 소화시킨다. 좋은 공기와 바람은 기초 대사량마저 늘려 주는 모양이다. 언제 저녁을 먹었냐는 듯, 배 속이 가벼워질 즈음, 여행객끼리의 낯가림과 어색함의 무게도 가벼워져, 이런 얘기 저런 얘기에 웃음꽃을 피운다. 옥룡설산의 만년설이 달빛에 모습을 드러내고 우리 이야기의 배경이 되어 준다.

마침내 객잔에 어둠이 내린다. 산 속의 어둠은 유난스럽다. 칠흑 같은 어둠이란 이런 때를 두고 한 말일 게다. 눈을 거두고 귀가 열리는 세상에서 생명이 내는 자기 존재의 소리는 가히 독보적이다. 어둠의 수혜다. 문득 상해 와이탄의 야경이 떠오른다. 꺼지지 않는 불빛으로 온 세상 위에 휘황찬란하던 도시의 야경. 도시의 빛은 모든 생명의 소리를 거두었다. 문명의 네온사인에 마음을 뺏긴 사람들은 옆지기의 소리마저도 잊어버린다. 그러나 대자연의 어둠은 보이지 않던 존재마저 드러내 준다. 가장 심연의 것을 끌어올리는 시간, 안목의 정욕에서 자유로운 시간이다.

　살아가는 것들에게 가장 가까이 잇대었던 시간, 차마객잔의 밤이 나에게 준 선물이다.

황산黃山, 황산을 돌아보면 악岳을 보지 않는다

　　　　중국에서는 '황산을 돌아보면 악岳을 보지 않는다'는 일설이 있다. 태산이 있고, 장가계나 계림 등이 유명하다고는 하나 황산에 미칠 바는 아니다. 황산은 유네스코 세계 문화유산에도 등재된 산이다. 2019년 중국에 온 후 그해 겨울에 운무에 낀 황산을 등반한 적이 있었지만, 그때는 산의 진면목을 보지 못했다는 생각에 다시 한 번 황산에 오르게 되었다.

　태풍이 지나간 후의 날씨는 잔인하리만큼 청명하다. 그 난리가 언제 그랬냐는 듯, 아랑곳하지 않는 날씨라니! 맑은 날의 빛은 산의 진면목 그대로를 사람들의 시선 앞에 내주었다. 365일 중 200일은 안개, 80일은 비가 와서 산의 모습을 제대로 볼 수 없다고 하던데, 산은 언제 신비였냐 싶게 자신의 위용을 유감없이 보여 주었다. 황산을 보기에는 천혜의 날씨였다.

황산은 본래 이름이 이산黟山이었다고 한다. 한자에서 보듯이 검은색이 많다는 의미다. 화강암으로 이루어진 산이 안개와 비에 갇혀 있으면 검게 보인다 해서 붙여진 이름이라고. 본래는 이산黟山이었으나 도교의 산이던 이곳에서 황 씨 성을 가진 이가 도를 닦다가 신선이 되었다는 풍문이 돌면서부터 황산黃山이 되었다고 한다.

황산의 위용은 대단했다. 발을 밟고 서는 곳마다 눈앞에 펼쳐진 산의 면모는 파란 하늘과 완벽한 조화를 이루어 탄성을 불러일으켰다. 어디에서나 기암괴석과 절벽들을 마주한다. 그러나 산의 위용보다 더욱 감탄스러운 것은 곳곳마다 길을 만들어 낸 사람들의 노고와 인내였다. 이 길을 만드느라 수많은 사람들의 명命이 달라졌을 거라 생각하니, '이 산은 기어코 올라가서 정복해야만 하는 곳인가'라는 의구심이 들었다.

'왜 사람들은 기어코 이 명산에 오르기를 바랐을까?' 이 또한 욕심이 아닌가 싶은 게다. 인간의 욕망은 신비할수록, 닿지 못한 곳일수록 자신의 손안에 넣으려 한다. 나는 황산에서 산을 타는 것이 아니라 반드시 정복하고야 말겠다는 사람들의 욕망을 엿본다. 기암괴석과 절벽에 기어코 인공적인 계단을 만들고 산악 자체까지 깎아 길을 낸 인고의 수고. 이 수고란 물론 있는 자들의 몫은 아니었으리라. 살고자 죽음의 자리에 올 수밖에 없었던 수많은 이들의 목숨이 이룬 것이리라.

한국말로 "이만 원 이만 원!!" 어깨에 가마를 지고 호객하는 가마꾼들이 내게 소리친다. 한국 돈 2만 원을 주면 가마에 태워 대신 산을 올라 주겠다는 이들. 그들은 황산에서 사람을 나르고 물건을 나르며 삶의 자리를 이어 가고 있었다. 마음이 쓰리다. 이 거대한 자연 속에서도 우리는 평등하지 못하다. 그들의 일이 못났다거나 미천하다 생각해서 하는 말이 아니다.

한 10여 년 전만 해도 황산의 지게꾼들은 한번 산을 오르내리고서 15원(한화로 약 3천 원)을 받았다고 들었다. 그들의 걸음으로 왕복 8시간 거리다. 그들에게 왜 그 힘든 일을 하느냐 물으니, 죽는 거보다는 낫지 않느냐는 대답이 돌아왔다. 이분들의 삶은 범인의 그것보다 훨씬

경이롭다. 보통 10년 계약을 한다는데, 이유가 10년 이 일을 하고 나면 무릎이 망가져서 더 이상 일을 할 수 없기 때문이라고. 사는 일이 좀 덜 고달팠으면 싶은 마음. 산 타는 일이 만만한 일이 아니기에 산 오르는 명인이라는 명패라도 달아 드리고 싶었다. 산을 터전 삼아 살아가는 일이 고달프지만, 그분들이 생각하는 산은 웬수 같은 곳이 아닌, 시름 중 동반자였다. 이 정도의 마음은 마땅히 가질 수 있도록 보장해 줘야 하지 않겠나 싶어 착잡했다.

첩첩산중이란 말의 의미가 눈에 들어와 심중에서 가늠되는 황산의 능선들, 하늘의 빛을 받는 양에 따라 능선의 색들이 달라져 펼쳐지는 광경은 수심에 따라 색깔이 달라지는 바다인 듯하였다. 두 발로 서서, 하늘과 가장 가까운 바다를 구경하였다.

황산은 소나무 천지였다. 다들 돌에서 뿌리내린 나무들. 생명의 경이로움. 살아 내기 위하여 뿌리는 물길을 찾아 돌 속에서 길을 찾아내고 가지와 잎들은 빛을 찾아 고개를 내민다. 이곳의 소나무들은 키가 작다. 평균 나이 800년 이상이라는데 그렇다. 살아남기 위한 자구책이다. 생은 척박할수록 신기로운 것인가. 낮은 키로 침엽을 쟁반처럼 펼치고 빛을 받아들이는 그들의 생존 모습은 호기롭기도, 애처롭기도 하였다.

나도 어쩔 수 없이 문명의 이기를 이용했다. 케이블카를 타고 산 중턱에 내려 산행을 했고, 해발 1,800미터가 넘는 연화봉을 눈앞에 둔 채 모노레일을 타고 내려왔다. 산의 상처를 딛고 황산을 보고 온 것이다. 그래서 나 같은 협잡꾼이 할 말은 아니지만, 이제 산을 개발하는 일은 그만하면 좋겠다. 모름지기 자연의 위대함 앞에서 인간이 할 일은 겸손해지는 일 아니겠는가. 거대한 자연 앞에서 인간의 욕망을 성찰하고 다듬는 일은 인간에게 여전히 필요한 일 아닌가. 정복하여 오만방자하기보다 바라보면서 경외하는 일이 우리에게 더욱 필요한 시대다.

휘주고성徽州古城과 양산토루阳产土楼, 사라지는 것들에 대해 예의를 지키고 싶다

내가 살고 있는 곳은 강소성江苏省. 이번 추석 연휴의 여행지는 안휘성安徽省이었다. 내가 사는 곳에서 차로 약 4시간 정도 달리면 도착하는 곳. 비행기를 안 타도 된다는 건 중국에선 비교적 가까운 여행지인 셈이다. 출발 전에 핵산 검사 1회, 여행지에서는 매일 노변에 설치된 부스에서 핵산 검사를 하면서 다녔다. 안휘는 안경安京(안징)과 휘주徽州(웨이저우)를 합해서 이르는 말이다.

안휘성은 꽤 부유했던 곳으로, 예전에는 휘상이란 말이 있을 정도로 장사가 성하던 곳이었는데, 점차 그 위상을 절강성(강소성 바로 옆에 붙어 있음)에게 내주어, 절상(절강성의 상인)에 못 미치는 실력이 되었다고 한다. 휘주 고성의 거주민들은 99%가 상인이었다고. 바로 이 고성을 방문한 것이다.

고성의 입구에는 대 학사大学士 허국許国이 세운 패방牌坊이 상징적 건축으로 자리하고 있었다. 일종의 업적 비 같은 것인데, 8개의 기둥을 평방 모양으로 세워 그 기둥에 자신의 업적을 새겨 놓고, 사자(지혜를 상징) 등으로 장식한 건축물. 이걸 마을 입구에 턱 하니 세워 놓으니, 성을 드나드는 모든 이들이 무의식중에라도 그의 업적을 기리게 되는 것이다. 이런 과시욕이 몹시 불편하긴 하지만, 허국이란 사람은 꽤나 괜찮은 관리였다고 한다.

내가 살고 있는 소주도 그렇지만, 휘주 또한 검은 기와에 하얀 벽 돌집이 즐비하다. 중국 소주에 오면서부터 궁금했다. 이곳 집들의 특색, 검은 기와와 하얀 벽에 담긴 이유가 궁금했다는 말이다. 이걸 이번 여행에서야 알게 되었다. 예로부터 소주는 학문의 도시였다. 비단, 옥玉, 차茶는 소주의 3대 특산물로 이를 통한 상업이 발달하고, 물이 많고, 기후가 온화하여 1년 삼모작도 가능하니 먹을 것이 풍부

했다. 하늘 아래 소주란 말은 먹고살 걱정이 없다는 뜻이다.

사람이 먹고살 만해야 학문에 눈을 돌리는 법. 그리하여 소주는 예로부터 문*이 발달하고 학사들을 많이 배출한 곳이다. 수에서 송에 이르기까지 장원 급제자가 총 268명이 배출되었는데, 이 중에 소주 출신이 128명, 안휘 출신이 99명이라고 한다. 장원 급제자를 배출한 가문은 검은 기와에 하얀 벽돌집을 지어 가문의 영광을 알렸다고 한다. 검은 기와는 '먹'이고, 하얀 벽은 '종이'를 상징한다. 이 상징이 일반화되어 모든 집들이 검은 지붕 아래 흰 집이었던 것이다.

소주에 3년을 살면서, 중국에서의 첫발을 상해에 들여놓지 않을 걸 무척이나 감사하며 살았다. 번화한 상해보다 소주가 훨씬 내 심성과 궁합이 맞았다. 사실 지금에야 상해가 중국의 경제 중심지이지만, 상해의 역사는 그다지 깊지 않다. 상해는 중국이 근대화의 물결을 타면서, 서양과 무역 교류가 시작되어 열리기 시작한 항구였고, 이전에 모든 물류는 소주의 운하를 통하였다.

그래서 이런 말이 있단다. 소주에서 태어나, 항주에서 살다가, 계림의 산수를 누리고, 유주에서 죽으면, 최고의 영예를 누리는 인생이라고. 소주를 떠나게 되면 매우 그리울 것 같다. 어디서나 볼 수 있었던 물줄기에 시름을 떠나보내고, 넓디넓은 태호를 바라보며 세상 일이 별것 아닌 것을 느꼈다. 공원은 어디나 널따랗고, 공기는 조용 하다. '정원의 도시'라는 말이 무색하지 않게 녹지는 무성하고, 공동 주택 아파트에는 하나같이 아름다운 정원이 있었다.

서설이 길었는데, 소주에는 산이 없다. 있다 하더라도 동네 앞동 산 같은 느낌. 소주에서 느끼는 이국적 요소이다. 한국은 그 좁은 땅 덩이에도 고속 도로를 주행할 때마다 터널 한두 개는 예사로 지나 고, 차창 밖으로 내다보이는 풍경이 매양 산이다. 그런데 소주는 평 평하다. 그러다 절강성을 지나면서부터 고속 도로에서 터널을 지나 고, 산의 풍광을 지나친다. 절강성부터 안휘성까지 산이 있다. 산 정 상에 꾸려 놓은 마을이 바로 양산토루阳产土楼다. 휘주 고성이 성 안의 마을이라면 양산토루는 성 밖의 마을이다. 법의 보호를 받는 마을이 휘주 고성이라면 법의 보호를 받지 못한 마을이 양산토루.

자주 맞닥뜨렸던 검은 기와, 흰 벽 집이 아니라 황토 흙으로 마무 리한 집들이 산 정상에 즐비했다. 마을의 이장 집이 가장 높은 곳에 위치해 있고, 이장 집의 맞은편에 정자 하나가 지어져 있었는데, 그 높은 곳에서 마을 사람들을 감시(?)했다고. 아마도 이곳은 정상적 사 회생활을 하던 이들이 살던 곳은 아니었던 듯싶고, 이유가 있어 성

밖으로 도망한 자들의 도피처가 아니었을까 싶다.

　중국에 와서 이런저런 구전古镇(일종의 향토 마을)을 다녀봤지만, 한결같이 비슷비슷했던 바, 별다른 특색을 보지 못했는데, 양산토루는 장사치도 없고, 호객 장소도 없고, 옛 마을 그대로 잘 보존된 것 같았다. 산이라서 그런지, 가장 재배하기 쉬웠을 옥수수를 곳곳에 말리고 있었고, 고추와 호박을 말리는 모습을 어렵지 않게 만났다. 여행객들은 토루 벽 사이에 끼어 사진을 찍으며 그 어느 데보다 이국적인 샷을 인증하는 사진들을 보고서는, 이태리에서 찍었다며, 농을 하겠다고 벼른다. 그만큼 다른 구전古镇에 비해 이국적이었다는 뜻이다.

　시골 마을이니, 입구에서부터 거름 더미와 인분 냄새가 코를 찔렀다. 내 생활은 도시화에 찌들 대로 찌들었는지 이 냄새마저도 정겹다. 살라고 하면 절대로 못살 거면서. 아직도 이런 곳이 있다는 게 신기하다. 학교 건물이었다는 곳에 빨간 깃발이 꽂혀 있다. 그러나 지금은 깃발만 하릴없이 바람에 펄럭일 뿐, 이미 폐교되었고, 거주 가구도 50가구가 넘지 않을 것 같았다. 아마도 곧 역사 속의 유물로만 남겨지지 않을까 싶다. 발전이 이렇듯 한 시대를 지우고 있다. 개발과는 거리가 먼 듯한 그 시대의 순박한 마음이 숫자로만 환산되지 않기를 바란다. 사라지는 것들에 대해 예의를 지키고 싶다.

호캉스에서 일상까지

땅이 넓은 중국, 역시 땅 부자답다. 하룻밤을 묵은 곳은 통리 레이크뷰 호텔同理湖大饭酒店이란 곳인데, 호텔 부지 땅이 실로 크다. 건물은 겨우 3층짜리이나 꾸며 놓은 산책길은 매우 넓다. 산책길을 따라 통리 호수同里湖가 내다보이는 확 뚫린 시야가 맘까지 다독이는 길. 게다가 세월의 흔적이 묻은 정자들은 이국적인 풍경을 더했다.

이곳의 건축물은 처마가 하늘을 찌를 듯 솟아 있다. 유연하고 나긋나긋한 처마에 익숙한 한국인에게는 꽤나 저돌적인 공격성을 느끼게 하는데, 소주란 지역이 예로부터 의식주 걱정 없는 하늘 아래 천상 도시라는 걸 감안한다면 공격성의 표현은 아닐 거라 추측한다. 아니면 교만스러움인가? 뽐내듯 치솟은 날렵함이 성에 맞지 않지만 아마 기후에 걸맞은 이유가 있으리라.

겨울의 나목에는 늘 눈길이 머문다. 성장(盛裝)을 벗은 나무. 가지 그대로의 모습을 드러낸 양이 가장 본연의 자기처럼 보인다. 그래서 자기 본연의 모습으로 살려 한다면 입어야 하는 것이 아니라 벗어야 하는 것은 아닌가 싶은 게다. 특히 바다나 강을 배경으로 서 있는 앙상한 나무는 그 처연하기가 더욱 생생하다. 망망한 바다의 한편에서 벗어 버린 몸으로 버티고 있는 것은 얼마나 시린 일인가. 그러니까 장식을 버리고 나로 살아간다는 것이 그리 만만한 일이 아님을 새삼 인식하게 된다. 그러나 아름답다. 화려함이 아닌 본연으로서의 미美다.

지난 주일은 샹빤날(上班, 출근하는 날), 즉 계속되는 춘절(우리나라의 음력설과 같은 연휴) 휴가의 업무를 메우기 위하여 토요일이나 일요일에 대체 근무를 해야 하는 날이다. 평상시에는 휴일이던 주말이 춘절이나 국경절(중화 인민 공화국 건립 기념일) 휴가를 메우기 위해 국가가 공식적으로 지정해 놓은 주말 출근 날이다.

남편의 퇴근과 함께 독거 동료 한 분을 초대했다. 일본식 전골 요리인 밀푀유나베와 명절 기분 나게 하는 전 몇 가지, 생선전, 소고기 육전, 깻잎전과 녹두전 등을 차려 놓은 식탁을 맛있게 드시는 걸 보니 뿌듯하다. 상을 치우고 차와 과일을 함께하며 이런저런 얘기를 나눈다. 얘기 끝에, 내가 남편에게 물었다.

"당신은 회사 생활 중 언제가 가장 힘들었어요?"

잠시 머뭇하다, 리비아 파견도 아니고 암 수술 한 후도 아니고, 바로 작년, 1년 2개월 동안 공장이 멈춘 상태를 지켜보면서 오직 기다리는 일 외에 할 것이 없었을 때였다고 한다.

"그때 기분이 어땠는데?"

리비아에 있을 땐, 몸은 힘들었지만 추억이 많았단다. 암 수술 당시에는 힘들지 않았다고는 할 수 없지만, 지금에 와 생각해 보면 전화위복 같단다. 대사 증후군성 성인병으로부터 자유로워졌으니. 그런데 작년은 너무 힘들었다고 한다. 제 역할을 못하는 것 같고, 본사는 역대 최대의 이익을 올렸던 반면에 중국 영업은 그런 호기를 놓치고 공장 가동만을 기다리느라 적자만 내고 있었으니, 좌불안석이었다는 얘기. 남편이 중국에 오자마자 회사 매출이 급상승하여 한참 쾌재를 부를 때에 화재 사고가 나는 바람에 안전 검사를 통과하고 재가동 통지가 내려지기까지 남편은 지난한 시간들을 보냈다. 이것은 고스란히 매출에 영향을 미쳤고, 더불어 성과와 실적을 잃어버린 남편은 가치 절하를 경험할 수밖에 없었다. 비단 남편만이 아니라 대부분의 중국 파견 주재원들이 그랬다. 본사 직원들이 승진할 때, 중국 주재원들, 특히 임원들은 승진은 고사하고 연봉의 25%를 삭감당했다.

세상은 우리 자신을 매양 겉옷으로 평가한다. 성과, 성취와 업적을 따라 산술적인 평가를 한다. 이 잣대에서 비켜 가는 인생은 쓸모 없어지기 일쑤고 자괴감에 몸서리를 친다. 자존감은 떨어지고, 과연 쓸모의 유무를 고민하게 만든다. 바로 저항이 필요한 때다. 우리 자신을 이런 외부 평가 기준으로부터 자유롭게 만들어야 한다. 세상의 기준이 그러하여도 '내 인생'은 그것으로만 잣대질되지 않음을 스스로에게 다짐시켜야 한다.

> 사람아 주께서 선한 것이 무엇임을 네게 보이셨나니 여호와께서 네
> 게 구하시는 것은 오직 정의를 행하며 인자를 사랑하며 겸손하게 네
> 하나님과 함께 행하는 것이 아니냐 _미 6:8

이것이 하나님의 기준임을 상기했다. 식사의 자리에서. 정의와 인자, 겸손으로 하나님과 함께 행하는 것. '이것을 기준 삼는 것이 진짜다'라고 스스로에게 다짐한다. 나무가 화려한 나뭇잎과 꽃, 열매를 벗어 버리고 뿌리로부터 올라온 진액을 끌어올려 생명을 유지한 채 허허로운 겨울을 견뎌도, 도리어 그것으로 본연히 아름다운 것처럼, 하나님과 함께함 또한 그러하지 아니한가?

그리하여 우리는 벗어도 아름답고, 허허로움 속에서 도리어 생명

의 진득함을 체험하고 살아간다. 나 한 사람을 하나님의 가치로 지켜 내고, 내 옆의 한 사람을 그렇게 지켜 내고, 둘이서 또 한 사람을 지켜 내는 것. 그리스도인의 삶이란 이렇듯 세속의 가치로부터 자신과 이웃을 지켜 내기 위한 저항의 삶이다. 끊임없이 치장과 변장을 거부하면서, 다른 어떤 것보다 하나님께서 우리 삶에 함께하셨다고 고백하는 삶을 살아 보자고 이구동성으로 외치는 식사의 자리. 나는 내심 이것이 예배 같아서 많이 뿌듯하였다.

여행의 자리는 결국 일상 속 식사의 자리를 더듬게 하는 것인가? 겨우 1박 2일이었지만, 충분히 시원스런 휴식이었다. 다시금 일상을 받아들이기에 넉넉한 시간이었다.

걸어서 통리[同理]까지

걷는 것을 무지무지 좋아한다. 언제부터인지 모르겠다. 부부 싸움을 하고 집을 뛰쳐나온 날, 근처 안양천을 하염없이 걷다가 스르르 미움과 분노의 감정이 사라졌다. 그날부터였나 보다. 아니, 일상에 지쳐 살다 문득 정신 차려 보니 도둑맞은 양 세월이 훌쩍 가 버렸음을 느꼈던 어느 날, 밖에 나가 걷는 것이 도둑 잡을 심산은 아니었을 건데, 양 길가에 서 있는 나무를 벗 삼아 걷는 길이 참 좋았다. 세월은 흘러 내가 어드메쯤 있는지 혼곤한데, 그 자리에 그대로 있는 나무들이 큰 위로였다.

걷는 게 좋으니 길이 좋았다. 목표를 세웠다. 한양 도성 길 네 구간 완주. 2017년이었다. 그리고 제주도 올레길, 국토 종단, 마지막으로 산티아고 순례 길을 걸어 보는 것이다. 아직 걸어야 할 길이 많으니, 생활 중에 소소하게 걷는다. 준비 운동 겸. 오늘 큰 녀석과 걸어서 통리를 갔다. 13킬로, 세 시간을 걸었다. 도착점은 통리지만 목표는 아니었다.

올라간다는 건 목적을 향한 발걸음일 게다. 목적이 분명하면 주변이 보이지 않는 법이다. 오르막에 꽃 한 번 제대로 못 본 길, 도리어 내리막에서 그 꽃을 본다. 꽃을 본 순간은 내려오는 길에서였다. 자동차로 20분이면 갈 곳을 걸어서 세 시간 동안 13킬로를 오늘 굳이 걸어서 가고자 했던 것은 자동차로 갈 때는 보지 못할 순간들을 볼 수 있을까 싶어서다. 걸어가는 사이사이에 걸린 모든 것들이 목적이기를 바라는 마음으로 걸었던 발걸음. 한편으론 같이 걸은 아들과의 함께함이 목적이기도 했겠다.

은행잎이 우수수 떨어진 도로변을 본다. 중국에 있으면서 늘 그리웠다. 가을이면 노랗게 물들던 내 마을의 은행나무. 노란 단풍으로 무성한 길을 밟으며 장을 보러 다녔다. 생활인이 가깝게 느낄 수 있었던 낭만의 길이었다. 통리를 향해 걸으면서 3년이 넘는 세월 동안 보지 못했던 은행나무 단풍 길을 통과했다. 걷지 않았더라면 이런 길이 있는지 모른 채로 나는 이곳을 떠났겠지. 그리고 돌아가서 말하겠지. 내가 살았던 중국에서는 가을 날 은행나무 단풍 길을 걷지 못해서 아쉬웠노라고. 운하대교가 걷는 우리들 앞에 턱 나타난다. 이렇게 큰 다리가 소주에 있었는지 까맣게 몰랐다. 그 아래로 천오백 년이 넘은 역사의 운하가 유유히 흐른다. 역시나 화물선 몇 대가 지나가고 있다.

매섭진 않지만 제법 쌀쌀한 날씨. 돌아오는 길에 마라탕을 먹는다. 역시 추운 날엔 뜨끈한 국물. 어느 계절보다 이 계절에 먹었던, 그것도 노곤하게 걸은 이후 먹었던 마라탕이 기억에 남을 것이다. 신장 출신의 꼬치구이 집 냄새가 우리의 코를 자극한다. 생김새부터 다른 위구르족이다. 고기라면 질색인 내가 신장의 로컬 푸드, 꼬치구이는 몇 개라도 먹겠다. 고기 누린내가 전혀 없다. 고기 냄새를 감춘 향신료의 향이 제법 입맛에 맞다.

한 번도 목적이 되지 못한 거리의 수많은 것들, 목적이 되지 못해 무심했던 것들에게 눈길을 보낸다. 걷는 것, 그래서 좋다. 천천히 또박또박 걸어야만 볼 수 있는 것들, 그것들이 목적이 될 수 있어서. 목적이 되지 못한 것들의 쓸모를 눈에 담아 볼 수 있어서.

중국을 떠나며

이별 준비는 물건들의 나눔으로 시작되었다. 첫 번째로 책을 나누었다. 아이들의 영어 챕터 북과 철 지난 책들과 육아서와 교육서 등의 주인을 찾느라 주민 방에 하나씩 하나씩 사진을 찍어 올렸다. 올리는 즉시 사람들이 차지했다. 신간들, 작년 7월에 큰아이 입시 차 한국에 다녀왔을 때, 나는 격리 생활에(그때는 2주간의 시설 격리 후 귀가할 수 있었다) 필요한 물품은 뒷전이고, 30권의 책을 싸 짊어지고 중국에 들어왔다. 이렇게 고생해서 들여온 책들 앞에서 꽤 고민을 했다. 이걸 나눌 것인가 다시 가져갈 것인가. 태반을 읽지 않았지만 읽은 책들은 나누기가 더욱 망설여진다. 손때가 묻은 순간부터 책은 나에게 한층 특별해진다. 노동의 대가를 지불했기 때문이다. 자고로 책이란 읽음이라는 노동을 투자할 때 나의 소유가 되는 것인데, 그리하여 읽으며 밑줄 긋고 포스트잇을 붙이는 등의 흔적이 있는 책을 나누기 위하여 외면하기란 수월한 일이 아니었다. 그러나 책은 또 다른 사람의 노동을 필요로 하는 것이겠기에, 망설이다가도 한 권씩 한 권씩 이웃들에게 내주었다.

　물려받은 것들을 나누는 것은 당연하다. 김치냉장고를 내주었다. 한국인에게 김치냉장고가 필수 품목인 것은 자명하나 외국에 잠깐 살면서 김치냉장고를 구입하기는 매우 고민스러운 일이다. 나그네 삶에 짐을 늘린다는 건 수지 타산이 맞지 않으니 말이다. 좋은 주인에게 물려받아 나름 여러 이웃들을 대접하는 데 잘 사용했다. 21년 12월에 김장 100킬로를 할 수 있었던 것도 이 김치냉장고가 있었기 때문이었다. 잘 사용하고, 새로운 주인에게 물려주었다. 새 주인의 음식 솜씨가 만만치 않다. 집에서 족발을 삶아 먹을 정도로 못하는 음식이 없는 새 주인. 그녀의 손에서 김치냉장고가 얼마나 유용하게 쓰일지는 보지 않고도 짐작이 된다. 아마도 많은 사람을 먹이는 저장고가 될 것이다. 이곳 소주의 집들은 대부분 한국식 난방을 하지 않는다(지금은 변하고 있는 추세). 그래서 겨울에는 난로가 필수품인데, 이 또한 한국에 가면 필요 없는 것이기에 나누었다. 실내용 운동자전거와 선풍기 등도 가까운 이웃들에게 드렸다. 나눔은 타국 살이에서 흔하게 볼 수 있는 일이다.

　비울 것을 비운 후 이삿짐 정리가 시작되었다. 한국까지 도착하려면 한 달은 걸릴 것이다. 사용하던 이불을 전부 꺼내 발로 밟아 빨았다. 햇빛에 잘 말려 향수를 뿌린 후 압축 팩에 밀봉했다. 한국에서 꺼내 보면 향긋한 냄새가 진동하여 새로운 생활에 적응하는 데 일조할 것이다. 묵은 것을 보내고 새 기운을 얻는 일은 잠자리에서 시작되는 것 아니겠나. 부피가 나가는 옷들까지 포장하고, 그릇들을 뽁뽁이에 싼다. 최소한의 짐을 꾸린다. 지난 1월 5일에, 마침내 모든 짐이 나갔다. 집이 휑하다. 복층의 집에 우리 세 식구 먹을 국그릇과 밥그릇, 냄비 두 개가 덜렁 남아 있다. 그런데도 불편함 하나 없이 가볍기만 하다. 물건 없는 삶이 이렇게나 간편한 것임을 새삼 환기한다. 결심을 한다. 앞으로 아무것도 사지 않으리라. 그런데 어느새 중국의 온라인 쇼핑몰을 뒤지고 있다. 한국의 지인들에게 선물할 보이차와 가족들에게 줄 선물, 중국식 그릇과 차 주전자와 중국어 원서 등을 구입했다.

이제 이곳을 떠날 날이 2주 앞으로 다가왔다. 삼 년여의 중국 생활을 정리한다. 맨 처음 상해의 공항에 도착해서 느꼈던 중국 냄새의 기억이 여전하다. 한국인에게 마늘 냄새가 나듯, 중국 특유의 퀴퀴한 냄새는 어느덧 친근해졌다. 정원의 도시라 불린다는 소주의 정원과 어디든 널따란 도로와 길에 익숙해졌다. 시끄럽게만 느껴졌던 중국어가 이제는 음악으로 들린다. 중국어가 이렇게나 아름다운 언어인지 중국어를 배우면서 알게 되었다. 역시나 알게 되면 사랑한다는 말이 맞다. 중국인들의 시끄러운 말소리가 그저 억척스럽고 자기 중심적 태도 때문이라고만 생각했는데, 중국어의 성조가 얼마나 음악적인지 이제는 알 것 같다. 각 곳에서 먹고살기 위하여 분투하는 그들의 삶이 그들의 말을 조금 거칠게 만들었을지 모르겠으나, 내가 경험한 중국인들은 대부분 친절하고 순박했다. 그리고 한국인보다 느긋했다.

코로나 상황 때문에 중국 여행을 맘껏 다니지 못했지만, 떠날 날을 받아 놓고서는 방역의 한계를 감수하고 몇 곳을 여행했다. 리장과 계림, 이싱죽해와 상해, 황산과 대명산, 모간산 등 겨우 몇 곳만을 다녀 봤지만 중국이 대륙임을 알아차릴 수 있었다. 가는 곳마다 마치 타국인 것처럼 또 다른 풍경과 분위기를 느낄 수 있었다. 넓은 대륙에 53개의 민족이 사는 나라, 다양함과 광활함이 있는 나라가 분명하다. 국가와 인민 위에 공산당이 자리하고 다스리는 나라. 구소련의 공산주의가 무너지면서 중국의 공산주의도 무너질 것이라 많은 학자들이 예측했다지만, 아직도 중국의 공산당은 건재하고 위력적이다. 중국의 역사와 정치 체제는 연구 주제일 수밖에 없을 것이고, 동양 사상의 비조이니 연구할 주제가 무궁무진할 것이다. 중국에 대하여 관심을 가질 수밖에 없는 이유다.

중국에 살면서 가장 기억에 남는 일은 소주대학 해외 교육원을 다녔던 것이다. 지천명이 넘은 나이에 대학 캠퍼스를 누릴 수 있었던 일은 매우 행복한 일상이었다. 대학 북문 입구에서부터 어학당의 건물까지 늘어선 가로수 사이 길을 걸으며 하루의 활력을 충전하곤 했다. 모든 의무를 벗어던지고 오직 학생으로만 존재하며 마치 초등학생처럼 온갖 중국의 것들에 흥미를 느끼던 시간들, 중국어 배움이라는 공통의 목적 아래 모였던 수 개국 친구들과의 만남은 본래부터 호기심으로 충만하게 장전된 내 성격에 매우 알맞은 환경이었다. 서툰 말이 도리어 편견을 가릴 수 있음을 경험했고, 같은 목적이 서로에게 의지가 됨을 체험했다. 내가 속한 반의 교실은 항상 화기애애한 분위기였다. 나는 가장 서투른 중국어를 하면서도 당당하게 앞에 나가길 주저하지 않았고, 어떻게든 한국의 것을 친구들에게 알려야겠다는 오지랖으로 음식을 해 대며 먹이기에 바빴다. 한국에 가서도 여전히 나의 첫 중국어 선생님들과 연락을 하며 지낼 것이다. 그리고 그 외의 중국인들과도 연락을 주고받을 것이며, 지금도 그때 같은 반이었던 학우들과 연락을 주고받는다.

한편으로 중국에서 가장 개인적인 생활을 했다. 한국에서는 규칙적으로 매주 몇 번씩 교회 출석하는 것이 일상이었으나 이곳에서는 최소한의 교회 생활을 했다. 물론 코로나 영향 때문이기도 했으나 될 수 있는 한 부러 교회와 멀리 떨어져 있으려 했다. 교회 밖에서 떠돌이로 살아 본 적이 별로 없다. 대부분 교회 중심에서 무엇인가를 했고, 열심히 했다. 그러나 중국에서는 교회와 최대한 객관적 거리를 유지하며 지냈다. 줌을 통하여 여러 공동체를 유지했다. 그래서인지 교회와 거리를 두어도 나의 신앙생활은 대체로 유지가 되었다. 도리어 여유롭게 신앙에 대해 생각의 지경을 넓히고 탐구할 수 있어서 좋았다. 그렇다고 한국에 다시 돌아가서까지 이런 생활을 계속할 건 아니다. 반드시 함께하고 섬길 공동체를 찾거나 꾸리는 것이 또 하나의 숙제다.

딱 한 가지로 중국의 생활을 정리하자면, 쉼과 활력이다. 하고 싶은 것을 맘껏 했고, 맘껏 '혼자'였고, 또 '같이'였으며 자유로웠다. 그래서 중국을 떠나는 것이 더 아쉬운지도 모르겠다. 그러나 나의 나라로 돌아가는 설렘 또한 충만하다. 만나고 싶은 이들을 만날 것이고, 읽고 싶은 책들을 맘껏 살 것이며, 언니와 엄마를 만나서 맘껏 맛있는 것을 먹고 좋은 길을 걸으며 수다할 것이다. 앞으로 인생 2기를 어떻게 살아갈까를 고민하면서.

이별은 새롭다

복잡한 글자, 선동적인 빨강, 냄새. 상해 푸동 공항에 첫발을 디딜 때 느꼈던 생소함이다. 내 나라가 한자 문화권이라 그리 어색할 한자가 아닌데도, 사방 천지가 한자인 세상. 그것도 번체가 아닌 간체로 표시되어 있는 세상은 낯설기 이를 데 없었다. 글자를 몰라서 막 태어난 신생아가 된 기분이었다.

흔하디 흔한 것이 이렇게나 낯설 수 있는지, 역설이 느껴졌던 빨강색. 중국인들의 빨강 사랑은 유별나다. 명절이나 기념일의 축의금으로 주는 돈을 홍빠오红包라고 한다. 빨간색 봉투라는 뜻이다. 그리고 집 현관문 앞에 복福 자를 새겨 놓은 빨강색 장식, 춘절이나 국경절에 으레 곳곳에 걸리는 홍등红灯, 이런저런 계몽 문구를 세워 놓은 빨간색 표지판 등. 너무 흔해서 생경했던 빨간색의 세계는 선혈의 낭자함을 보는 듯 강렬했다.

한 대상을 애정한다는 것의 지표는 뭐니 뭐니 해도 냄새에 대한 호불호이다. 못생긴 사람이나 성질 더러운 사람과는 살아도, 냄새 나는 사람과는 못 산다는 말이 있다. 냄새야말로 가장 자기다운 정체성의 산물인가 싶은데, 중국만의 냄새가 분명히 있다. 한국인에게 마늘 냄새가 난다는 것처럼, 생강과 팔각이 섞인 듯하면서 여기에 뭔가 진득하면서 습기 가득한 냄새가 코를 자극했을 때 이곳이 한국이 아닌 중국임을 실감했다. 중국 남방 지역 냄새다.

한 번도 살게 될 것이라 꿈꿔 본 적 없는 중국이다. 새로운 것 하나하나에 적응하면서 살아가는 동안, 글자는 중국어 책을 읽을 만큼 익숙해졌고, 빨간색 또한 백의민족의 하얀색만큼이나 살가웠다. 비 오는 어느 날, 지하철을 타고 등교하는 길이었다. 탑승하자마자 중국에 첫발을 디뎠을 때의 그 냄새가 문득 내 코를 자극했다. 비로소 내가 그간 얼마나 중국의 냄새에 익숙해졌는지를 알아차렸다. 3년 반의 시간이 가져다준 변화다.

중국의 쑤저우가 새롭다 느껴지지 않을 즈음 오게 된 일이 갑작스러웠던 만큼 떠나는 일도 갑작스럽게 일어났다. 이렇게 빨리 떠나게 될 줄 몰랐다. 남편은 이곳에서 퇴직을 하고 싶다고 했으니 한 10년은 살게 될 줄 알았다.

떠나는 길이다. 처음 입국했을 때와 똑같은 길을 달린다. 코로나 상황으로 자주 출입국 할 수는 없었지만 몇 번 오가던 길이다. 작년, 큰 녀석의 대학 입시 차 출입국을 했을 때도 오갔던 길이다. 그때는 다시 돌아올 중국을 떠나는 길이었다. 그 길은 별 감흥 없이 여상했다.

대륙의 땅은 널따라서 땅의 저 끝을 바라보노라면 시름 잃은 평온함을 느끼곤 했다. 검은 지붕에 하얀색 벽 집은 이곳에서 가장 흔하게 본 배경이다. 메마르고 앙상한 겨울 가지는 으레 그런 것이다. 물이 흔한 곳. 그만큼 호수가 많고 하천이 많은 풍경을 일상적으로 보았다.

지금 다시 오지 않을 길을 떠난다. 시간의 끝에서 바라보는 길은 이 모든 것들에 대한 익숙함을 희석시켰다. 어제까지 익숙했던 것들을 끝에서 보는 것은 첫 만남만큼이나 낯설었다. 이별은 모든 것을 새롭게 보도록 재주를 부렸다.

일신우일신日新又日新이란 경구를 얼마나 자주 들었던가. 흔한 것이 새롭기는 어렵다. 그러나 이별이 이 어려운 것을 해낸다. 어제의 것이었으나 웬일인지 더 이상 과거의 것이 아니다. 익숙함이 낯설어져 가슴 한편에 알알이 새겨지는 것. 그리하여 더 많이 애정하게 하는 것. 이별은 이런 것이었다.

메멘토 모리. 죽음을 기억한다는 것. 이것은 다른 언어로 매일 '날'을 떠나보냄이다. 매일 오늘과 이별하는 것. 끝에 서 보는 것. 그래서 어제가 오늘이고 내일이 오늘이지만 더 새로운 오늘을 살아 보자고, 더 자주 익숙한 오늘과 이별해 보자고, 마지막을 사는 것처럼 살아 보자고 다짐해 본다. 안녕 쑤저우.